Jean R[acine]
(1639-[1699])

Teatrólogo, poeta e grande expoente [da tragédia fran]cesa, Jean Baptiste Racine nasceu em La Ferté-Milon, em 22 de dezembro de 1639. Filho de família burguesa, seus pais morreram muito cedo e ele cresceu sob os cuidados dos avós, convertidos ao jansenismo, movimento religioso e político que enfatiza a predestinação e nega o livre-arbítrio. Ainda criança, foi para a escola católica de Port-Royal. Aos 19 anos, entrou para o Collège de Harcourtin em Paris. Nesse período fez amizade com Molière, La Fontaine e Boileau.

A primeira peça de Racine, *A ninfa do Sena* (1660), chegou a ser aceita pelo Théâtre du Marais, mas nunca foi encenada, pois foi taxada de imoral. Racine se viu dividido entre a carreira artística e a religiosidade da família, que gostaria que ele fosse padre. Após um período de retiro na Provença, Racine retornou a Paris e retomou a escrita.

Estreou de fato com *A tebaida* (1664), encenada pela companhia de Molière. Apresentou depois *Alexandre, o Grande* (1665), mas foi o sucesso de *Andrômaca* (1667) que lhe trouxe fama e celebridade. Lançou em seguida *Britânico* (1669), *Berenice* (1670), *Bazet* (1672), *Mitrídates* (1673), *Ifigênia* (1674) e *Fedra* (1677), as duas últimas inspiradas nas tragédias de Eurípides.

Nomeado historiógrafo do rei, reconciliado com os jansenitas, renunciou ao teatro e casou-se com Catherine de Romanet, com quem teve dois filhos e cinco filhas. Mas o incentivo de Madame de Maintenon – amante e posteriormente esposa de Luís XIV – o fez voltar à arte dramática com as tragédias bíblicas *Ester* (1689) e *Atália* (1691). Racine morreu a 21 de abril de 1699, por complicações no fígado.

Seu teatro pinta a paixão como uma força infernal que destrói quem dela esteja possuído. Realizando o ideal da tragédia clássica, apresenta uma ação simples e clara, cujas peripécias nascem da própria paixão das personagens.

Livros de Millôr Fernandes na Coleção **L&PM** POCKET

Hai-Kais
Millôr Definitivo – A bíblia do caos
Poemas
O livro vermelho dos pensamentos de Millôr

Teatro

Flávia, cabeça, tronco e membros
O homem do princípio ao fim
Liberdade, liberdade (com Flávio Rangel)

Traduções e adaptações teatrais

As alegres matronas de Windsor (Shakespeare)
Don Juan, o convidado de pedra (Molière)
As eruditas (Molière)
Fedra (Racine)
Hamlet (Shakespeare)
Lisístrata (Aristófanes)
A megera domada (Shakespeare)
Pigmaleão (Bernard Shaw)
O rei Lear (Shakespeare)

Jean Racine

Fedra

Tradução de Millôr Fernandes

www.lpm.com.br

L&PM POCKET

Coleção **L&PM** Pocket, vol. 218

Este livro foi publicado em primeira edição pela L&PM Editores, em formato 14x21, em 1986.

Segunda edição: Coleção **L&PM** POCKET em 2001
Esta reimpressão: julho de 2007

Capa: L&PM Editores sobre obra de Gustave Moreau, *Salomé tatouée* (1875), Museu Gustave Moreau (Paris).
Revisão: Delza Menin e Jó Saldanha

ISBN 978-85-254-1092-4

R121f   Racine, Jean Baptiste, 1639-1699
          Fedra / Jean Baptiste Racine; tradução de Millôr
    Fernandes. – 2 ed. – Porto Alegre: L&PM, 2007.
    112 p ; 18 cm – (Coleção L&PM Pocket)

     1. Ficção brasileira-Teatro. I.Título. II. Série.

              CDD 869.92
              CDU 869.0(81)-2

Catalogação elaborada por Izabel A. Merlo, CRB 10/329.

© Millôr Fernandes, 1986, 2001

Todos os direitos desta edição reservados à L&PM Editores
Porto Alegre: Rua Comendador Coruja 314, loja 9 - 90220-180
Floresta - RS / Fone: 51.3225.5777
Pedidos & Depto. comercial: vendas@lpm.com.br
Fale conosco: info@lpm.com.br
www.lpm.com.br

Impresso no Brasil
Inverno de 2007

Sumário

Fedra – o essencial 7
Ficha técnica da primeira montagem desta versão
    de *Fedra* no Brasil 11
Personagens 13
Fedra 15
Sobre o tradutor 107

Fedra – o essencial*

Escrevo esta nota a pedido da produção do estupefaciente espetáculo a que vocês assistiram ontem**. A proposta para que a nota seja esclarecedora bateu, porém, no homem errado – toda minha vocação é tumultuadora. Mas vamos lá.

"Quem decidiu montar Fedra em 1986?" – comentava-se em toda a cidade (isto é, comentavam dois intelectuais magrinhos num botequim do baixo Humaitá). *J'accuse:* Fernanda Montenegro. Quer dizer, acho. Eu nunca tenho muita certeza de nada. E acho também, e também sem muita certeza, que é porque o papel lhe cabe como uma luva. Imagem aliás absolutamente imprópria numa época em que ninguém mais usa luvas.

Fernanda discutiu com Boal (acho), este também entusiasmado com a "obra imortal de Racine", como dizem os *eruditos*. Eu entrei na história depois, para a tarefa de traduzir esse *momento supremo do espírito humano*. Embora Victor Hugo achasse Racine "um razoável escritor de terceira ordem". Mas isso faz parte.

---

* Esta nota foi publicada no programa da primeira montagem desta versão *de Fedra* no Brasil. (N.E.)
** Em geral os programas só são lidos no dia seguinte.

Tudo pensado – se é que tudo foi pensado – decidimos, Fernanda, Boal, e eu, o que parecerá iconoclástico para alguns, desde que saibam o que é iconoclástico, que a peça, em português, preservaria mais sua autenticidade se abandonássemos a forma rimada e alexandrina (tão emprenhada nos ouvidos franceses) pelo verso branco. Compensando a perda da rima pela clareza da ordem direta, ganhando na reprodução do sentido exato das falas, no ritmo, na correspondência poética, no maior rendimento dramático por parte dos atores e maior facilidade de recepção por parte do público. Ponto.

Fedra. Já se disse tudo sobre ela nestes últimos três séculos (e muito mais se dirá neste programa): é a tragédia erótica de uma família sexo-orientada. Fedra, esposa de Teseu, é irmã de Ariadne (a do labirinto) que já foi apaixonada por Teseu e, abandonada por este num rochedo, que maldade!, se casou com Baco, logo com quem! Ambas, Fedra e Ariadne, são filhas de Pasifaé, aquela senhora que se apaixonou por um touro, ora!, ora, e mandou ver, dando à luz o Minotauro. Teseu, o marido de Fedra, antes de casar com esta, conquistou Antíope, rainha das Amazonas, além da já citada Ariadne, depois ganhou Helena – aquela mesma, de Tróia – no jogo e teve uma filha com ela. Alguns eruditos discordam dessa versão porque Helena tinha então apenas nove anos, mas se esquecem de que Helena era muito pós-helênica.

Nesta tragédia, Fedra, filha do sol, é prisioneira das trevas de um amor absolutamente proibido – ama Hipólito, seu enteado –, foge da luz do dia e se debate entre a loucura, a exaltação, a inveja, o ódio, a autopunição e a vergonha pública. Um prato feito pro Hélio Pelegrino.

Mas, ao fim e ao cabo, penso que a história de Fedra é mais do que um amor tabu que luta contra a proibição moral e social. É a história paleontológica do próprio incesto, cuja explicação só encontro na origem da linguagem humana. Inventadas as palavras (entre elas pai, mãe, filho, filha, irmã) estava automaticamente inventado o incesto. Assim a culpa de Fedra não só não pode ser admitida nem perdoada – não pode também, fundamentalmente, ser pronunciada. A tragédia toda se desenvolve no caminhar lingüístico ansioso, mortal, mas irresistível, rodeios e circunlóquios, fugindo ao estigma da palavra indizível, até explodir no escândalo e no crime, na catástrofe catártica do nome maldito: "Hipólito!"

Aí começa a tragédia. Acho que é isso. Vocês me digam.

Millôr Fernandes, 1986

Ficha técnica da primeira montagem desta versão de *Fedra* no Brasil

Peça: Fedra

Autor: Jean Racine

Elenco: Fernanda Montenegro, Jonas Mello, Edson Celulari, Wanda Kosmo, Cássia Kiss, Fernando Torres, Betty Erthal, Joyce de Oliveira

Produção Executiva: Miguel Verro

Assistente de Direção: Eduardo Lago

Divulgação: Moacir Deriquem e Marilena Cury

Cenários e Figurinos: Helio Eichbauer

Direção: Augusto Boal

Teatro de Arena

Fevereiro 1986

ELENCO E PERSONAGENS

Fernanda Montenegro – FEDRA

Jonas Mello – TESEU

Edson Celulari – HIPÓLITO

Wanda Kosmo – ENONE

Cássia Kiss – ARÍCIA

Fernando Torres – TERÂMENO

Betty Erthal – ISMÊNIA

Joyce de Oliveira – PANOPÉA

Personagens

TESEU – Filho de Egeu, rei de Atenas.
FEDRA – Mulher de Teseu, filha de Minos e Pasifaé, rei e rainha de Creta.
HIPÓLITO – Filho de Teseu e Hipólita, rainha das Amazonas.
ARÍCIA – Princesa do sangue real de Atenas.
TERÂMENO – Tutor de Hipólito.
ENONE – Ex-ama e atual confidente de Fedra.
ISMÊNIA – Confidente de Arícia.
PANOPÉA – Mulher do séquito de Fedra.
GUARDAS

(A cena se passa em Tresena, cidade do Peloponeso, na baía de Salamis, do outro lado de Atenas, da qual é uma dependência.)

Fedra

ATO I

CENA I

(Pátio interno do Palácio de Teseu, em Tresena. Portas dão pros aposentos de Hipólito, Arícia e a Rainha, e pro exterior do palácio. Há um banco, mais ou menos no centro do espaço. Hipólito e Terâmeno são iluminados.)

HIPÓLITO

Está decidido, bom Terâmeno, eu parto;
Abandono Tresena, esta cidade amada.
Assaltado por dúvidas terríveis
Já me envergonho do ócio em que vivo.
Há mais de seis meses longe de meu pai,
Não sei o destino desse rosto querido,
Ignoro os lugares que o podem esconder.

TERÂMENO

Não há mais lugares, senhor, onde buscá-lo.
Pra acalmar os teus justos receios,
Percorri os dois mares que separam Corinto;
E perguntei por Teseu em todas as costas
Das quais se vê o rio Aqueronte mergulhar no reino
Onde habitam os mortos
Visitei a Élida e, partindo do Tenaro,

Cheguei ao Egeu, que um dia refletiu a queda de Ícaro.
Com que nova esperança ou em que terras mais
    felizes
Pensas, ainda, senhor, descobrir sinais dos seus
    passos?
E, além do mais, quem poderá dizer se o Rei, teu pai,
Deseja desvendado o mistério dessa ausência?
Bem pode ser que enquanto tememos por sua vida
Ele, tranqüilo, se esconde; e nos esconde seus novos
    amores;
Ele, tranqüilo, desfruta uma nova e desvairada
    amante.

HIPÓLITO

Pára, caro Terâmeno, e respeita Teseu.
Liberto já dos seus erros de jovem
Obstáculos indignos não mais o seduzem:
Fedra lhe tirou do peito a inconstância fatal
E há muito não tem, nem teme, mais rivais.
Enfim, procurando-o, eu cumpro o meu dever
E fujo de lugares em que não quero estar.

TERÂMENO

Ah! Desde quando, senhor, abominas a presença
De recantos tão caros, que tanto amaste na infância,
E os quais preferiste sempre
Ao tumulto pomposo de Atenas e da corte?
Que perigo, ou que mágoa, queres exorcizar?

HIPÓLITO

Esse tempo feliz não existe mais. Tudo mudou de rosto
Depois que os deuses nos enviaram
Fedra, a filha de Minos e Pasifaé.

TERÂMENO

Compreendo; conheço bem a razão de tuas dores.
Estando aqui Fedra te fere e dói em tua visão.
Feroz madrasta, assim que te viu
Tramou com malícia o teu exílio.
Mas, sejamos justos, o ódio que tinha
Morreu com o tempo – ou esfriou, ao menos.
Além do mais, que riscos podem vir
De uma mulher que morre, e deseja morrer?
Atacada por um mal que teima em ocultar,
Cansada de si própria e do sol que a ilumina
Fedra não pode mais te causar qualquer dano.

HIPÓLITO

Essa fútil inimizade não é o que me assusta.
Hipólito parte evitando outra inimiga;
Eu fujo, te confesso, dessa jovem Arícia
Resto de um sangue fatal que trama contra nós.

TERÂMENO

O quê? Estás também contra ela?
Essa suave irmã dos cruéis Palantidas

Jamais partilhou dos complôs de seus torpes irmãos.
Por que odiar essa graça inocente?

HIPÓLITO

Se eu a odiasse não estaria fugindo.

TERÂMENO

Senhor, posso então me explicar tua fuga?
Talvez não sejas mais o Hipólito soberbo,
Inimigo implacável das leis amorosas,
Esse jugo a que Teseu se curvou tantas vezes.
Vênus, tão desprezada pelo teu orgulho,
Não deseja agora justificar Teseu
Colocando-te no mesmo chão do resto dos mortais,
E te obrigando a incensar seu altar?
Estarás, senhor, enamorado?

HIPÓLITO

Amigo, como ousas dizer isso,
Tu que conheces meu coração dês que eu respiro?
Suas batidas altivas, desdenhosas,
Não podem admitir essa vergonha:
Já no leite de Hipólita, minha mãe amazona,
Eu sugava esse orgulho que agora te espanta.
E, tendo atingido idade mais madura,
Eu mesmo me aplaudi, quando me conheci.
Tu, que cuidavas de mim com atenção sincera,
Me repetias sempre a história de meu pai.

E sabes bem quantas vezes minha alma, atenta à tua
   voz,
Se inflamava ao saber dos seus feitos sem par;
Quando tu pintavas esse intrépido herói
Compensando os mortais pela ausência de Hércules;
Monstros decapitados e assaltantes punidos,
Procusto, Cercion, Ciron e Sinis,
Os ossos dispersos do gigante do Epidauro,
E Creta fumegando com o sangue do Minotauro.
Mas, quando falavas de feitos menos gloriosos,
Promessas oferecidas e aceitas em toda parte,
Helena arrancada dos parentes em Esparta;
Salamina testemunhando o pranto de Peribéa;
E tantas outras a quem ele nem sequer recorda,
Almas confiantes demais que seu ardor inflamava;
Ariadne nos rochedos confessando seus erros;
E finalmente Fedra, raptada com intenções melhores.
Tu sabes que, por não me agradarem nada essas
   histórias,
Eu te pedia então que as encurtasses.
Pois ficaria feliz se pudesse rasgar da memória
Essa metade indigna de uma vida tão bela!
E agora eu também me deixaria arrastar?
Os deuses levariam minha humilhação a esse ponto?
Os meus suspiros vis seriam ainda mais desprezíveis
Pois os feitos heróicos tornam Teseu desculpável.
Não dominei um só dos monstros
Com que ele ganhou o direito de errar.
Mas mesmo que meu orgulho tivesse abrandado

Eu, como vencedor, escolheria Arícia?
Seria tal minha loucura que iria esquecer
O obstáculo eterno que nos divide e afasta?
Meu pai não a aprova; e por leis severas
Proíbe-a de dar sobrinhos aos irmãos;
Essa planta daninha não pode ter rebentos!
Teseu exige que o nome Palantida se enterre com Arícia:
E que, sujeita à sua tutela até a morte,
As tochas do himeneu jamais se acendam pra ela.
Como posso abraçar uma causa que meu pai odeia?
Devo dar um exemplo de temeridade
Embarcando minha juventude num amor tão louco?

TERÂMENO

Ah! senhor! se tua hora foi determinada
Ao céu não importarão todas tuas razões.
Teseu te abriu os olhos ao querer fechá-los,
E teu ódio, atiçando uma chama rebelde,
Empresta uma graça maior a essa graça inimiga.
Por que tanto receio de um amor tão casto?
Se a doçura existe por que não prová-la?
Preferes ser escravo de uma vontade imposta?
É temor de te perderes nas pegadas de Hércules?
Não existem forças contra as forças de Vênus,
E tu mesmo, que evitas o amor, onde estarias,
Se Hipólita, tua mãe, sempre hostil às leis de Vênus,
Não tivesse ardido por Teseu em paixão fulgurante?

A que serve, no caso, a ostentação de palavras
   soberbas?
Aceita, tudo muda; agora é muito raro ver-te,
   orgulhoso e bravio,
Fazendo voar um carro pelas margens do rio,
Ou, dominador do cavalo, invenção de Netuno,
Tornar dócil aos freios um garanhão selvagem;
A floresta já não ressoa mais com nossos gritos,
Tuas pálpebras pesam com uma febre estranha.
Não há que duvidar, senhor, tu amas, tu queimas,
Consumido por um mal que em vão dissimulas:
É a bela Arícia que te encanta tanto?

HIPÓLITO

Terâmeno, eu parto. Vou procurar meu pai.

TERÂMENO

E, antes de partir, senhor, não verás Fedra?

HIPÓLITO

Sim, quero vê-la. Podes ir avisá-la.
O dever me obriga.
Mas que nova desdita perturba Enone,
Essa fiel confidente de Fedra?

CENA II

Hipólito, Enone, Terâmeno

ENONE

Pobre de mim, senhor, que dor pode igualar-se à minha dor?
A Rainha se aproxima do momento fatal.
É em vão que a protejo noite e dia;
Morre em meus braços de um mal que não revela.
Há em seu espírito uma eterna desordem;
À noite, a angústia arranca-a do leito. Quer ver a luz
Mas, desesperada, me ordena também que ninguém se aproxime...
Aí vem ela...

HIPÓLITO

Basta: deixo-a em paz.
Não quero impor-lhe minha face odiosa.

CENA III

Fedra, Enone

FEDRA

Chega de andar, Enone, vamos parar aqui.
Não posso mais; já não tenho mais forças.

Meus olhos estão cegos pela luz do dia;
Os joelhos tremem, não mais me sustentam.
Ai de mim! *(Senta-se)*

ENONE

Oh, se nossas lágrimas pudessem acalmar a ira dos deuses!

FEDRA

Como me pesam estes adornos fúteis, estes véus!
E que mão importuna fez todos estes nós
Pra juntar meus cabelos sobre a testa?
Tudo me aflige e incomoda; tudo conspira pra minha aflição.

ENONE

Cada novo desejo teu destrói o anterior.
Ainda há pouco, renegando propósitos insensatos,
Tu mesma guiavas minhas mãos pra te enfeitar.
E retomando o esplendor que possuías antes
Querias te mostrar e rever a luz do dia.
Aí está a luz, senhora – mas, ao vê-la,
Tu te escondes, odiando o dia que buscavas.

FEDRA

Ó sol, nobre e glorioso autor de uma triste família,
Tu, de quem minha mãe se orgulhava de ser filha,

E que estás tão rubro talvez por me ver neste estado,
Eu venho te contemplar pela última vez!

ENONE

Como? Ainda insistes nesse desejo louco?
Hei de ver-te pra sempre renunciando à vida,
Fazendo eternamente preparativos fúnebres?

FEDRA

Deuses! Por que não estou sentada na sombra das florestas?
Quando poderei eu,
No meio de uma nuvem de nobre poeira,
Seguir com os olhos
Um carro que voa pela arena?

ENONE

O quê, senhora?

FEDRA

Loucura. Onde estou eu? Que foi que eu disse?
Onde foram parar minha razão e minha vontade?
Eu as perdi: os deuses me arrancaram.
Enone, o rubor me cobre o rosto,
Deixo que vejas demais minhas dores vergonhosas;
E meus olhos, sem que eu queira, estão cheios de pranto.

ENONE

Se queres te envergonhar, tem vergonha do silêncio
Que torna mais pungentes as tuas dores.
Rebelde a nossos cuidados, surda a tudo que dizemos,
Queres mesmo, sem pena, terminar teus dias?
Que furor corta a vida no meio do seu curso?
Que maldição ou veneno secou tua nascente?
Três vezes as sombras escureceram o céu
Desde que o sono desertou teus olhos;
E três vezes o dia espantou a noite,
Desde que teu corpo definha sem alimento.
Que desígnio horrendo te impulsiona?
Que direito tens de atentar contra ti mesma?
Ofendes os deuses que te deram a vida;
Trais teu marido a quem a fé te liga;
Trais também teus filhos, infelizes,
Que precipitas em destino tenebroso.
Pensa; o mesmo dia que lhes leva a mãe
Trará nova esperança ao filho da estrangeira,
Ao feroz inimigo teu e de teu sangue,
O filho que uma amazona gerou e alimentou,
Esse Hipólito.

FEDRA

Ah, deuses!

ENONE

Minha censura te fere?

FEDRA

Que nome, desgraçada, saiu de tua boca?

ENONE

Ah, bem – tua cólera explode com razão:
É bom te ver crispada ao ouvir o nome infame.
Pois vive, então; que te animem o amor e o dever;
Vive – não deixa o filho da amazona
Dominar teus filhos com um jugo odioso,
Oprimir o melhor sangue dos deuses e da Grécia.
Mas não demora; cada instante te mata.
Restaura logo tuas forças desgastadas,
Enquanto tua chama, quase se consumindo,
Ainda brilha um pouco e pode reacender.

FEDRA

Já prolonguei demais minha existência culpada.

ENONE

O quê? Algum remorso te tortura?
Que delito será que produz tanta angústia?
Tens as mãos maculadas por algum sangue inocente?

FEDRA

Graças aos céus minhas mãos estão limpas.
Fosse tão puro assim o meu coração.

ENONE

Mas que tenebroso anseio vive em teu coração,
Pra mergulhar teu ser em tanto desespero?

FEDRA

Já te falei demais. Poupe-me o resto.
Morro pra não revelar essa ânsia funesta.

ENONE

Morre então guardando esse silêncio desumano;
Mas procura outras mãos para fechar teus olhos;
Embora te ilumine apenas uma réstia de luz
Verás que desço antes de ti ao silêncio dos mortos.
Pr'ali há mil caminhos eternamente abertos –
A minha alma ferida escolherá o mais curto.
Cruel!, quando foi que te faltou minha fidelidade?
Te esqueces que ao nascer foram meus braços que te
 receberam?
Meu país e meus filhos, deixei tudo por tua causa.
É assim que pagas minha fidelidade?

FEDRA

Que resultado esperas dessa fala insolente?
Estremecerás de horror se eu romper o silêncio.

ENONE

Ora, que poderás me dizer, deuses do mundo,
Comparável ao horror de te ver morrer à minha frente?

FEDRA

Se conheceres meu crime e a sorte que me abate
Eu não morrerei menos e morrerei mais culpada.

ENONE

Senhora, em nome das lágrimas que por ti derramei,
Por teus débeis joelhos que abraço com ternura,
Livra minha mente da dúvida funesta.

FEDRA

Foste tu que pediste. Levanta.

ENONE

Fala: eu escuto.

FEDRA

Céus! Como dizer? Por onde começar?

ENONE

Por favor, basta de me ofender com esses temores fúteis.

FEDRA

Oh, a ira de Vênus! Oh, cólera fatal!
Em que desvarios o amor jogou minha mãe!

ENONE

Esqueçamos, senhora.
Que um silêncio eterno esconda as tuas memórias.

FEDRA

Ariadne, minha irmã a quem o amor também feriu,
E abandonou nas escarpas onde foi seduzida!

ENONE

Que dizes tu, senhora? Por que um desprezo fatal
Te joga assim, agora, contra teu próprio sangue?

FEDRA

É a vontade de Vênus que eu, sendo a última,
Seja a mais miserável desse sangue maldito.

ENONE

Estás amando?

FEDRA

Do amor eu sinto toda a fúria.

ENONE

Por quem?

FEDRA

Tu vais ouvir agora o auge do horror.
Eu amo... A esse nome fatal eu arrepio, eu tremo...
Eu amo...

ENONE

Quem?

FEDRA

Conheces o filho da amazona,
Esse Príncipe que oprimi tanto tempo?

ENONE

Grandes deuses! Hipólito?

FEDRA

Tu o disseste.

ENONE

Ó, céus! Todo o sangue se gela em minhas veias!
Oh desespero! Oh, crime! Que estirpe deplorável!
Viagem infortunada! Rio maldito!
Não era necessário descer naquelas praias!

FEDRA
O meu mal vem de mais longe.
Apenas me liguei ao filho de Egeu,
Comprometida por juras no altar de himeneu,
Felicidade e paz parecendo seguras,
Atenas me apontou meu soberbo inimigo.
Eu o olhei, enrubesci e empalideci ao vê-lo;
A confusão tomou conta da minha alma perdida:
Meus olhos já não viam; não podia falar;
Senti meu corpo tremer de frio e arder em fogo;
Reconheci Vênus, suas chamas terríveis,
Os tormentos que ela tornava inevitáveis
Ao sangue que sempre perseguiu.
Com penitências sem fim pensei evitar minha sorte:
Ergui um templo à Deusa e o adornei.
Ofereci-lhe vítimas e, nas entranhas destas,
Eu procurava aflita minha razão perdida;
Remédios impotentes prum amor incurável!
Em vão eu queimava incensos nos altares.
Quando minha boca invocava o nome da Deusa,
Era o nome de Hipólito que invocava.
Eu o via a toda hora, e mesmo ali, no altar,
O fumo que se erguia – e tudo! – eu oferecia
a esse deus cujo nome não ousava revelar.
Eu o evitava sempre, em toda parte, mas, pra minha miséria,
Eu o encontrava sempre nas feições do pai.
Contra mim mesma enfim me revoltei
E arranjei coragem para persegui-lo.

Para banir o inimigo que eu idolatrava
Fantasiei o ódio de uma madrasta injusta;
E com gritos constantes exigi seu exílio,
Arrancando-o do peito e dos braços do pai.
Eu respirava, enfim; depois que foi embora
Tive dias tranqüilos, voltei à inocência.
Submissa a meu marido, ocultas as minhas penas,
Dediquei-me aos frutos do enlace fatal.
Precauções inúteis! o destino é cruel!
Conduzida a Tresena por meu próprio esposo,
Revi ali o inimigo que eu tinha expatriado;
Minha ferida, ainda viva, recomeçou a sangrar
Não é mais só um ardor escondido no peito:
É Vênus, desta vez, Vênus inteira,
Que salta em minhas veias.
Agora o meu crime já me enche de horror,
Sinto ódio da vida e abomino o amor;
Eu queria morrer pra salvar minha honra;
Não revelar nunca essa chama tão negra;
Mas não pude resistir a teus rogos e lágrimas;
Já te confessei tudo – e não me arrependo,
Só peço que respeites minha morte já próxima
E não me aflijas mais com censuras injustas,
Nem tentes reviver com esforços inúteis
Um resto de calor prestes a se extinguir.

CENA IV

Fedra, Enone, Panopéa

PANOPÉA

Gostaria de poder esconder uma triste notícia,
Senhora: mas tocou a mim transmiti-la.
A morte arrebatou seu invencível esposo;
Só da senhora tinham ocultado até agora essa desgraça.

ENONE

Panopéa, o que é que estás dizendo?

PANOPÉA

Que a Rainha se iluda
Pedindo em vão ao céu a volta de Teseu;
Pelos navios que chegaram ao porto,
Hipólito também já sabe da morte do pai.

FEDRA

Deuses!

PANOPÉA

Atenas se divide agora pela escolha de um chefe;
Alguns preferem logo o Príncipe, teu filho.
Mas há os que, esquecendo as leis do estado,

Ousam dar seu apoio ao filho da estrangeira.
E falam até na proposta insolente
De colocar no trono Arícia e o sangue Palantida.
Achei meu dever preveni-la do fato.
Hipólito está pronto a partir neste instante.
Mas há o temor de que se meta no caos que se prepara,
E arraste atrás de si a multidão volúvel.

ENONE

Panopéa, basta. A Rainha já ouviu,
E não esquecerá esse aviso importante.

CENA V

Fedra, Enone

ENONE

Senhora, já renunciava a implorar que vivesse;
Estava mesmo pronta a seguir-te na morte;
Pois para demover-te eu não tinha mais voz;
Mas a nova desdita impõe uma nova lei;
A tua sorte muda e assume um outro rosto:
O Rei já não existe; é necessário preencher seu lugar.
Ele te deixa um filho a quem deves cuidados.
É um escravo, se te perde, um rei, se tu viveres.
Só em ti pode apoiar-se na sua desventura.

Não haverá outras mãos pra enxugar suas lágrimas;
E seus gritos inocentes irão direto aos deuses
Atraindo contra a mãe as fúrias ancestrais.
Vive; chega de mortificações.
Tua paixão, agora, é igual às demais.
Teseu, ao morrer, rompeu os nós
Que transformavam tua paixão em horror e crime.
Hipólito pra ti já não é ameaça;
E podes contemplá-lo sem sentir qualquer culpa.
Talvez, convencido de que o abominas,
Esteja para impor-se como chefe dos rebeldes;
Cabe a ti esclarecer o erro e aplacar seu orgulho.
Rei destas praias felizes, Tresena lhe pertence; é seu
    legado.
Mas Hipólito sabe que as leis dão a teu filho
As muralhas soberbas que Minerva erigiu.
Têm os dois, tu e ele, uma mesma inimiga;
Os dois devem se unir pra combater Arícia.

FEDRA

Pois seja como dizes. Me curvo aos teus conselhos.
Vivamos, se qualquer coisa me atrair à vida,
E se o amor de um filho, nesse instante funesto,
Animar meu fraco espírito, e reanimar o resto.

ATO II

CENA I

Arícia, Ismênia

ARÍCIA

Hipólito quer me ver aqui?
Hipólito me procura pra me dar adeus?
Isso é verdade, Ismênia? Acaso não te enganas?

ISMÊNIA

É o primeiro efeito da morte de Teseu.
Logo virão correndo a teu encontro
Todos os corações que ele reprimia – prepara-te, senhora.
Arícia, finalmente, comanda seu destino.
Logo terá a seus pés a Grécia inteira.

ARÍCIA

Não será isso, Ismênia, uma esperança falsa?
Deixar de ser escrava – não ter mais inimigos?

ISMÊNIA

Não, senhora, os deuses já não te são contrários.
Teseu foi se encontrar com os ancestrais de teus irmãos.

ARÍCIA

Sabe-se em que aventura terminou os seus dias?

ISMÊNIA

Correm sobre sua morte histórias impossíveis.
Dizem que ao raptar sua última amante
As ondas engoliram esse esposo infiel;
Dizem também – e isso se repete em toda parte –
Que, descendo aos infernos ao lado de Piritos,
Teria visto o rio Cocito,
Formado pelas lágrimas dos mortos insepultos;
E ousou mostrar-se vivo às sombras infernais.
Mas não conseguiu sair desse lugar sinistro,
Cruzar de novo a praia de onde ninguém volta.

ARÍCIA

Devo acreditar que um mortal qualquer, antes da sua hora,
É capaz de penetrar a insondável habitação dos mortos?
Que encanto atrairia Teseu a esse lugar sombrio?

ISMÊNIA

Teseu está morto – só a senhora duvida:
Atenas o pranteia; Tresena está informada,
E já vê em Hipólito o seu novo rei;
Fedra, neste mesmo palácio, temendo por seu filho,
Solicita o conselho dos amigos perplexos.

ARÍCIA

E você acredita que Hipólito será mais humano que o
 pai
E tornará mais leve minhas cadeias –
Terá pena, enfim, do meu infortúnio?

ISMÊNIA

Senhora, eu acredito.

ARÍCIA

Mas você o conhece, esse Hipólito insensível,
Que frívola esperança te faz pensar que me poupe
E respeite, em mim só, um sexo que desdenha?
Não vês há quanto tempo ele evita meus passos,
E só vai a lugares em que eu não esteja?

ISMÊNIA

Sei tudo que se diz sobre a sua frieza;
Mas vi diante de ti esse orgulhoso Hipólito;
A própria fama de seu orgulho
Fez redobrar minha curiosidade.
Sua presença não confirma o que dizem:
Ao teu primeiro olhar me pareceu confuso.
Os olhos dele em vão queriam fugir.
Esmaeciam, lânguidos, mas não podiam te evitar.
Amante, creio, é um nome que ofende sua coragem;
Mas nos olhos é um amante – se não o é em palavras.

Arícia

Cara Ismênia, meu coração escuta avidamente.
Mas tua fala não tem qualquer razão!
Diz-me, tu que me conheces:
Um coração nutrido só de amargura e pranto,
Triste joguete de um destino implacável,
Pode um dia acordar para o amor e seus loucos
    tormentos?
Último resto do sangue de um rei, filha do filho da
    Terra,
Única a escapar aos furores da guerra,
Perdi meus seis irmãos, todos na flor dos anos –
Toda a esperança de uma casa ilustre!
A espada ceifou tudo; e a terra, umedecida,
Bebeu com horror o sangue desses meus irmãos.
Tu sabes que, depois da morte deles, uma lei infame
Condena qualquer grego que suspire por mim.
Temem que as cinzas de meus irmãos possam
    reanimar-se
Com as labaredas desprendidas por uma paixão;
Mas tu sabes também com que olhar de desprezo
Eu olhava as cautelas do vencedor inclemente
E como eu também renegava o amor,
Até agradecia ao injusto Teseu,
Cujo rigor feroz servia ao meu desdém.
Mas meus olhos então, ah, os meus olhos então
Inda não tinham pousado em seu filho.
Não que por esses meus olhos vilmente enamorados
Eu amasse apenas a beleza e a graça tão louvadas,

Dons que a natureza lhe deu em demasia
E que ele próprio despreza ou até ignora:
Amo e admiro nele riquezas bem mais nobres;
As virtudes do pai sem as suas fraquezas;
Amo, confesso, o generoso orgulho
Que jamais se curvou à sujeição amorosa.
Fedra em vão se ufanava da paixão de Teseu;
Eu, mais exigente que ela, recuso a glória inglória
De aceitar homenagem oferecida a mil outras –
A de entrar num coração com mil portas abertas.
Mas tornar dócil uma coragem inflexível,
Insinuar a dor numa alma insensível,
Fazer um prisioneiro se revoltar em vão
Contra os grilhões que descobre que adora,
Isso eu desejo: isso me inflama.
Desarmar Hércules custava muito menos;
Era mais fácil vencê-lo, mais rápido,
Mas dava menos glória à vencedora.
Oh, cara Ismênia, ai de Arícia! Que imprudência a minha!
A resistência será demais pra mim,
E talvez me vejas, humilde em minha tristeza,
Gemer ante esse mesmo orgulho que hoje admiro.
Hipólito enamorado?
Poderei esperar... sorte tão espantosa?

Ismênia

Aí está ele.
Ouvirás dele mesmo.

CENA II

Hipólito, Arícia, Ismênia

HIPÓLITO

Senhora, antes que eu parta,
Acho que deveria avisá-la do que a espera.
Meu pai não vive mais. Minha apreensão era justa
Quanto às razões de sua ausência demasiado longa;
Só a morte, interrompendo seus feitos deslumbrantes,
Poderia escondê-lo do mundo tanto tempo.
Os deuses entregam enfim às parcas homicidas
O amigo, o companheiro, o sucessor de Hércules.
Espero que teu ódio, respeitando suas virtudes,
Escute sem rancor esses louvores que lhe são
 devidos.
Uma esperança atenua minha mortal tristeza!
Poder te liberar de uma cruel tutela;
Revogo a lei a cujo rigor sempre me opus:
Podes dispor de ti, de teu coração;
E nesta Tresena que foi de meu avô, Piteu,
E hoje é minha, e que, sem hesitar, me fez seu Rei,
Eu te faço tão livre, ou mais livre do que eu.

ARÍCIA

Modera os excessos de tua bondade, senhor; me
 embaraçam.
Honrando minha desgraça com atenção tão generosa

Me prende ainda mais, senhor, sem talvez perceber,
Às rigorosas leis de que me quer livrar.

Hipólito

Escolhendo um sucessor, Atenas, dividida,
Fala de ti, de mim, do filho da Rainha.

Arícia

De mim, senhor?

Hipólito

Eu sei, não quero me iludir,
Que há uma drástica lei feita pra me excluir:
A Grécia me reprova uma mãe estrangeira.
Mas se por concorrente tivesse só meu irmão,
Mostraria que meus direitos são mais verdadeiros
E saberia defendê-los dos caprichos da lei.
Porém há um freio mais legítimo impedindo minha ação:
Eu te cedo, ou melhor, te restituo o cargo,
O cetro que teus antepassados receberam
Do famoso mortal que concebeu a Terra.
A adoção entregou esse cetro às mãos de Egeu.
Atenas, que meu pai protegeu e fez crescer,
Reconhecida a Rei tão generoso,
Apagou da memória teus irmãos infelizes.
Agora, de dentro de seus muros, Atenas te reclama:
Já padeceu em excesso uma longa discórdia;

Os córregos dos campos já beberam demais
O sangue do teu sangue que ali mesmo brotou.
Tresena me obedece. As planícies de Creta
Darão ao filho de Fedra um retiro suntuoso.
A Ática te pertence. Eu parto.
Vou reunir pra ti todos os votos que agora dividimos.

Arícia

Tudo isso que ouço me espanta e me confunde;
Temo estar sendo vítima de sonho, ou zombaria.
Estou mesmo acordada? Devo acreditar em tuas
    intenções?
Que Deus, senhor, que Deus teria te inspirado?
Conheço tua glória; se espalha em toda parte;
Mas a verdade ultrapassa o renome!
Vais, em meu favor, prejudicar a ti mesmo?
Já não era bastante não ter ódio por mim,
E haver sabido por tanto tempo
Evitar que a inimizade entrasse no teu peito?

Hipólito

Eu te odiar, senhora?
Não sei com que cores pintaram meu orgulho;
Espero que não creias que um monstro me gerou.
Que natureza selvagem, que ódio endurecido
Ao ver-te não ficariam domados e abrandados?
Poderia eu resistir à tua mágica enganosa?

ARÍCIA

Que dizes, meu senhor?

HIPÓLITO

Sei que avancei demais.
Vejo que minha razão cedeu ao devaneio:
Mas já que comecei a romper o silêncio,
Não devo mais parar, senhora, sem revelar um
    segredo
Que meu coração não pode mais guardar.
Tens diante de ti um príncipe lastimável,
Exemplo memorável de um orgulho insolente.
Eu, que ao amor sempre fui ferozmente rebelde,
Que sempre desprezei os que lhe eram escravos,
Deplorando o naufrágio dos que achava mais fracos,
E pensava poder olhar sempre a borrasca de uma
    margem segura,
Me vejo agora sujeito à lei humana,
Jogado na voragem e arrastado bem longe de mim!
Um instante só derrubou minha presunção confiante;
Minha alma tão soberba é enfim prisioneira.
Já há mais de seis meses vencido e envergonhado,
Levando em toda parte a flecha que me mata,
Contra ti, contra mim, eu me debato em vão.
Quando estás, fujo de ti; se ausente te procuro;
Até no fundo das matas tua imagem me persegue;
A luz clara do dia e as densas sombras da noite
Tudo me redesenha os encantos que evito!

Tudo combina pra te entregar, domado, o Hipólito rebelde.
E agora, como resultado único de meus vãos esforços,
Eu mesmo me procuro e não me encontro mais.
Meu arco, meus dardos e meu carro, tudo hoje me cansa;
Já nem lembro mais as lições de Netuno.
Só os meus gemidos ressoam pelos bosques;
Meus corcéis ociosos esqueceram minha voz.
Pode ser que a confissão de um amor assim tão selvagem
Te deixe envergonhada pelo que provocaste;
Que defesa mais tosca do coração que te entrego!
Que estranho prisioneiro de vínculo tão belo!
Que aos teus olhos a oferenda seja mais preciosa.
Recorda-te, senhora, que esta língua que falo ainda me é estranha;
Não rejeites meus votos por serem mal expressos,
Hipólito não os faria se tu não existisses.

CENA III

Hipólito, Arícia, Terâmeno, Ismênia

TERÂMENO

Senhor, vem aí a Rainha, eu passei por ela.
Está a tua procura.

HIPÓLITO

Procurando por mim?

TERÂMENO

Não sei o que deseja. Mas mandou alguém te avisar,
Deseja te falar antes que partas.

HIPÓLITO

Fedra? Que posso lhe dizer? E que coisa ela espera?

ARÍCIA

Senhor, não podes te recusar a escutá-la:
Embora sabendo que é tua inimiga,
Deves alguma piedade às suas lágrimas.

HIPÓLITO

Enquanto isso tu te afastas. E aí eu vou embora.
Sem saber se ofendo o encanto daquela que eu adoro!
Sem saber se o coração que deixo em tuas mãos...

ARÍCIA

Vai, Príncipe, e executa teus planos generosos:
Faz Atenas reconhecer minha autoridade.
Aceito tudo que me quiseres dar.
Mas mesmo esse império enorme e glorioso
Não é, aos meus olhos, teu presente melhor.

CENA IV

Hipólito, Terâmeno

HIPÓLITO

Está tudo pronto, amigo? Vem aí a Rainha.
Corre, faz com que tudo se apronte pra partida.
Dá o sinal, o curso, as ordens,
E vem me liberar desse encontro importuno.

CENA V

Fedra, Hipólito, Enone

FEDRA *(A Enone)*

Aí está ele. Todo o sangue invade meu coração.
Esqueço, ao vê-lo, tudo que ia dizer.

ENONE

Pensa no filho que só depende de ti.

FEDRA

Dizem que uma partida súbita te afasta de nós, senhor.
Venho juntar minhas lágrimas às tuas dores.
E em nome de meu filho te explicar meus temores.
Ele não tem mais pai, e não está longe o dia

Em que deverá assistir à minha morte.
Sua infância já é ameaçada por mil inimigos;
Só tu és capaz de prover sua defesa.
Mas um remorso secreto agita o meu espírito,
Pois devo ter fechado teus ouvidos a seus gritos.
Temo que castigues em meu filho, com uma cólera justa,
Os erros execráveis que sua mãe cometeu.

Hipólito

Não tenho, senhora, sentimentos tão baixos.

Fedra

Se me odiasses eu não poderia me queixar, senhor,
Pois me viste sempre interessada em te prejudicar;
Como poderias ler o fundo do meu coração?
Fiz tudo que podia pra me tornar tua inimiga;
Não queria que vivesses onde eu mesma vivia.
Em público ou em segredo lutei sem descansar
Pra colocar um oceano entre nós;
Cheguei mesmo a punir, por lei especial,
Quem ousasse pronunciar teu nome em minha presença.
Contudo, se a pena deve corresponder ao crime,
Se teu ódio deve igualar meu ódio,
Jamais uma mulher foi tão digna de piedade,
E totalmente indigna, senhor, de tua inimizade.

HIPÓLITO

Uma mãe ciumenta raramente abre mão
Dos direitos do filho pro filho de outra esposa.
Eu sei isso, senhora; ciúmes importunos
São os frutos mais comuns de um novo matrimônio.
Qualquer outra teria por mim iguais suspeitas.
E teria me feito sofrer, talvez, mais privações.

FEDRA

Ah, mas o céu, ouso aqui atestar,
Fez de mim exceção a essa regra comum!
Ânsia bem diferente me perturba e devora!

HIPÓLITO

Senhora, não é tempo ainda para desespero.
Talvez teu esposo ainda contemple o dia;
E o céu, por nosso pranto, permita que ele volte.
Netuno o protege, e esse deus tutelar
Não será indiferente, se meu pai o invocar.

FEDRA

Não é dado a ninguém ver duas vezes o rio dos mortos, senhor.
Depois que Teseu avistou essas margens sombrias
É inútil esperarmos que um deus o devolva;
O avaro Aqueronte não larga mais sua presa.
Que digo eu, porém? Se ele morreu, como respira em ti?

Diante dos meus olhos estou vendo meu esposo.
Eu o ouço, eu o sinto; e meu coração...
Senhor, eu me perco... Meu louco ardor, sem que eu
    deseje, fala.

HIPÓLITO

Vejo o efeito prodigioso desse amor;
Morto embora, Teseu está vivo ante teus olhos.
Seu amor ainda abrasa a tua alma.

FEDRA

Sim, Príncipe, eu definho, eu queimo por Teseu.
Eu o amo não como o viram as chamas dos infernos,
Adorador volúvel de mil tentações várias
Que desonrou a alcova até do deus dos mortos.
Mas o fiel, o soberbo e mesmo quase selvagem,
Encantador, jovem, arrastando atrás de si os corações,
Tal como são pintados os nossos deuses.
Igual a eu te vejo aqui.
Igual a ti no porte, nos olhos, na linguagem.
Esse mesmo rubor coloria seu rosto,
Quando, dominando as ondas, chegou à nossa Creta
Atendendo ao anseio das filhas de Minos.
Que fazias, então? Por que, arrebanhando a elite dos
    heróis da Grécia,
Teseu não trouxe Hipólito consigo?
Talvez, jovem demais ainda, não te era permitido
Subir no barco que transportava Teseu a nossas praias.

Ah, terias sido tu o destruidor do monstro de Creta,
Dentro do labirinto terrível em que vivia.
Para te evitar os descaminhos
Minha irmã teria dado a ti o fio fatal.
Ah, não; eu a teria antecipado nesse intento;
O amor o teria sugerido a mim primeiro,
E seria eu, Príncipe, seria eu quem te ajudaria
Nos meandros sem fim do labirinto;
Que riscos eu não aceitaria por esse rosto mágico?
Só um fio, porém, não deixaria tranqüila tua amante;
Companheira do perigo que deviam enfrentar,
Fedra mergulharia a teu lado no labirinto invicto.
E salvava-se contigo ou contigo se perdia.

Hipólito

Deuses! O que é que eu ouço? Senhora, se esquece acaso
Que Teseu é meu pai e que és sua esposa?

Fedra

Por que julgas tu que o tenha esquecido, Príncipe?
Dou a impressão de ter perdido o sentido da honra?

Hipólito

Senhora, me perdoa. Confesso, com rubor,
Ter entendido errado palavras inocentes.
Envergonhado, nem sei mais como olhar-te.
Eu parto...

FEDRA

Ah! Cruel! Me entendeste demasiado bem!
Te disse o necessário para evitar enganos.
Pois saiba então quem é Fedra em todo o seu furor!
Eu te amo! Mas não penses que no instante em que te
  amo,
Eu me creia inocente, me perdoe a mim mesma,
Nem que o amor desvairado que turba a minha razão
Tenha sido alimentado por uma vil complacência.
Objeto infortunado das vinganças celestes,
Eu me detesto ainda mais do que tu me detestas.
São testemunhas os deuses, que acenderam em meu
  ventre
Esse fogo fatal a toda minha raça;
Deuses que se orgulham da glória vil
De seduzir a mim – uma frágil mortal.
É preciso que lembres o que aconteceu;
Não só fugi de ti; cruel, te expatriei;
Tentei te parecer odiosa e desumana;
Pra melhor resistir alimentei teu ódio.
Do que me adiantaram todos esses cuidados?
Tu me odiavas mais e eu não te amava menos.
Teu encanto crescia com as tuas desventuras;
Eu definhava, me debulhava em pranto e me secava
  em fogo;
Bastaria que olhasses pra que visses isso,
Se teus olhos por um instante quisessem me olhar.
Que digo eu? Essa confissão que acabo de fazer,

Tão vergonhosa, tu a crês voluntária?
Eu vim para outra coisa; temendo por um filho que não ousava trair
Só queria implorar-te para não odiá-lo:
Falso projeto de um coração estourando de amor!
Pobre de mim, não consegui falar senão de ti!
Podes vingar-te agora punindo-me do que fiz por esta horrenda paixão:
Digno filho de um herói que aqui te trouxe à vida,
Liberta o Universo de um monstro que te enoja.
A viúva de Teseu se atreve a amar Hipólito!
Não podes deixar vivo esse monstro espantoso;
Eis meu coração; aqui deves ferir.
Ansioso de expiar a sua culpa,
Ele bate feliz esperando o teu golpe.
Fere! Ou, se achas meu coração indigno de teus golpes,
Se teu ódio me nega um suplício tão doce,
Se não queres manchar tuas mãos com um sangue tão vil,
Poupa teu braço e me dá a tua espada.
Dá-me!

ENONE

Mas que estás fazendo, senhora? Oh, deuses!
Vem gente aí; evitemos essas testemunhas odiosas.
Rápido! Foge de uma vergonha inevitável!

CENA VI

Hipólito, Terâmeno

TERÂMENO

É Fedra que corre ou é alguém que a arrasta?
E por que, senhor, em ti, essas marcas de aflição?
Te vejo pálido, confuso e sem espada!

HIPÓLITO

Fujamos, Terâmeno, Minha surpresa é extrema.
Não posso olhar a mim mesmo sem tremer de horror.
Fedra... Mas não, grandes deuses! Que um esquecimento profundo
Sepulte para sempre esse segredo horrível!

TERÂMENO

Se desejas partir, o barco já está pronto.
Mas Atenas, senhor, já fez a sua escolha;
Os chefes ouviram a voz de todas suas tribos:
Teu irmão venceu – Fedra triunfa.

HIPÓLITO

Fedra?

TERÂMENO

O arauto encarregado da decisão de Atenas

Já colocou em suas mãos as rédeas do poder.
O filho de Fedra é rei.

HIPÓLITO

Deuses, que a conheceis;
É a virtude dela que estais premiando?

TERÂMENO

Enquanto isso, no povo, aumenta um rumor surdo;
   Teseu está vivo.
Dizem que o Rei apareceu no Épiro.
Mas eu, que tanto o procurei ali, sei muito bem...

HIPÓLITO

Não importa. Temos que escutar a todos, não
   desprezar nenhum rumor.
Vamos examinar este, descobrir de onde vem;
Se não houver razão para que eu fique, partimos.
Mas, custe isso o preço que custar,
O cetro vai ficar em mãos que o engrandeçam.

ATO III

CENA I

Fedra, Enone

FEDRA

Ah! Tira da minha frente as honras que me enviam;
Importuna, queres que eu me deixe ver?
Pretendes iludir minha alma desolada?
Pelo contrário, me esconde: eu já falei demais.
A minha loucura ousou se revelar abertamente.
Eu disse o que jamais ninguém devia ouvir.
Céus! Como ele me escutou! E com quantos desvios
O insensível fingiu não me entender.
Tudo que pretendia era escapar depressa!
E aquele seu rubor aumentava a minha vergonha!
Por que impediste minha intenção funesta?
Ai, quando apontei a espada em meu peito
Acaso ele empalideceu? Tirou-a de minhas mãos?
Não, bastou que eu tivesse tocado a espada uma vez,
Para torná-la impura ao seu olhar inumano;
Esse ferro infeliz profanaria suas mãos.

ENONE

Procurando em tua desgraça só causas de lamento,
Alimentas o fogo que queres extinguir.
Contra um ingrato que se satisfaz na fuga

Não seria melhor, digno sangue de Minos,
Procurar tua paz em cuidados mais nobres,
Reinar, assumir a condução do estado?

FEDRA

Eu, reinar! Governar um estado, eu,
Cuja débil razão já não governa a si mesma?
Eu, que perdi o domínio de meus sentimentos,
E mal respiro na vergonha imensa?
Eu, moribunda?! Eu?!

ENONE

Foge!

FEDRA

Não consigo deixá-lo.

ENONE

Ousaste bani-lo; e não ousas deixá-lo?

FEDRA

Agora é tarde;
Ele conhece meus ardores insensatos.
Atravessei as fronteiras da dignidade.
Expus, ao meu vencedor, minha intimidade,
Pois a esperança, furtiva, penetrou meu peito.
Tu mesma animaste minhas forças vacilantes,

Incitando-me à vida com abonos e lisonjas;
Me fizeste crer que eu podia amá-lo.

ENONE

Ai, inocente ou culpada de tuas desventuras,
O que eu não teria ousado pra salvar-te?
Mas, tão sensível sempre a uma ofensa,
Como pudeste suportar sua arrogância e desprezo?
Bem pouco faltou praqueles olhos ácidos
Te fazerem cair prosternada a seus pés!
Como ele é odioso com seu orgulho odioso!
Fedra! Naquele instante devias ter meus olhos.

FEDRA

Ele pode livrar-se do orgulho que te ofende, Enone;
Criado nas florestas é rude como elas.
Endurecido pelas leis selvagens
É a primeira vez que lhe falam de amor.
Talvez sua surpresa o tenha emudecido;
Ou foram violentas demais as minhas súplicas.

ENONE

Não esquece; foi gerado no ventre de uma bárbara.

FEDRA

Bárbara e cita, mas apaixonada.

ENONE

Nutre um ódio feroz por todo o nosso sexo.

FEDRA

Então eu não terei rival preferida por ele.
Enfim, todos os teus conselhos não têm mais cabimento.
Serve à minha fúria, agora, Enone, e não à minha razão.
Ele opõe ao amor um peito invulnerável;
Devemos atacá-lo em ponto mais sensível;
A atração do poder, se vê, lhe toca a alma.
Não consegue esconder que Atenas o fascina;
Para lá já apontam as proas de seus barcos,
Com as velas postas esperando os ventos.
Corre! Procura, em meu nome, esse jovem ambicioso
E faz a coroa brilhar diante de seus olhos:
Que coloque em sua fronte o sagrado diadema;
Quero somente a honra de eu mesma coroá-lo;
Fique com ele o que eu não posso ter.
E que ensine ao meu filho as artes do comando;
Talvez queira ser o pai que meu filho perdeu.
E assim terá em seu poder o filho e a mãe.
Pra convencê-lo, enfim, não poupe nenhum meio:
Tuas palavras receberão mais atenção que as minhas;
Insiste, geme, implora; pranteia a Fedra que se extingue:
Não te envergonhes mesmo de ser suplicante.

Vai; espero a tua volta pra dispor de mim.
És minha última esperança: eu te autorizo tudo.

CENA II

Fedra (Só)

FEDRA

Ó tu, que vês a vergonha a que desci,
Vênus implacável, basta de humilhação!
Não tens como levar mais longe a tua crueldade.
Teu triunfo é perfeito; todos teus dardos acertaram o alvo.
Cruel; se queres uma glória maior
Ataca um inimigo que te seja mais rebelde.
Hipólito te foge; desafiando tua ira
Jamais se ajoelhou em teu altar;
Teu nome parece ofender seus ouvidos vaidosos;
Vinga-te, Deusa! Nossas causas se assemelham.
Que ele ame. Mas já estás aí de volta, Enone?
Ele me odeia! Nem quis te escutar.

CENA III

Fedra, Enone

ENONE

É hora de sufocar o pensamento de um amor inútil, senhora;
Põe todas as tuas forças na virtude passada:
O Rei, que pensávamos morto,
Dentro de um instante estará onde estou,
E o verás com teus olhos. Teseu voltou.
Pra vê-lo o populacho corre e se precipita.
Eu também corria procurando Hipólito,
Quando milhares de gritos estrondaram nas ruas...

FEDRA

Meu marido está vivo, Enone, e isso basta.
Eu revelei um amor que o injuria.
Ele vive, não quero ouvir mais nada.

ENONE

Não entendo...

FEDRA

Eu te preveni, mas não quiseste ouvir.
Venceste com tuas lágrimas os meus justos remorsos.
Eu morria, esta manhã, digna de todo o pranto;
Escutei teus conselhos e morro desonrada.

ENONE

Morres?

FEDRA

Ó justo céu! Por que fiz o que fiz?
Meu marido aí vem – e Hipólito com ele!
Eu o verei,
Testemunha da minha chama adúltera,
Observando a expressão com que encaro o pai,
Meu coração pejado de suspiros que ele ignorou,
Os olhos plenos de lágrimas que o ingrato nem viu.
Achas que, sensível à honra de Teseu,
Hipólito esconderá dele o fogo que me queima?
Será capaz de trair assim o seu pai e o seu povo?
Será capaz de disfarçar o horror que me tem?
Mas calará em vão; conheço minha infidelidade, Enone,
E não sou dessas mulheres impudentes
Que tiram do crime uma espécie de máscara
Que põe em seu rosto calma e serenidade.
Conheço minhas loucuras, não esqueço nenhuma.
Já vejo estes muros e estas colunas
Adquirindo vozes para me acusar.
Só esperam meu esposo pra tirá-lo do engano.
Quero morrer: a morte me livrará de todos esses
    horrores.
Cessar de viver será um mal tão grande?
Aos infelizes a morte não assusta;
Só me assusta o nome que eu vou deixar.

Para os meus pobres filhos, que herança terrível!
O sangue de Júpiter deve enchê-lo de orgulho;
Mas por mais orgulho que tenham dessa estirpe
Minha culpa pesará sobre eles como um fardo impossível.
Temo que qualquer dia, palavras, ai!, bem verdadeiras,
Agridam os meus filhos com o delito da mãe,
E que, oprimidos por esse peso odioso,
Nenhum dos dois ouse mais erguer o olhar do chão.

Enone

Não há qualquer duvida, e lamento por ambos;
Jamais um temor foi mais justo que esse.
Mas por que condenar teus filhos com o que dizes?
Por que depor contra ti mesma? Já escuto
Falarem que Fedra fugiu do olhar do esposo que traiu.
Hipólito ficará feliz porque, abandonando a vida,
Confirmarás tudo o que ele disser
E aí já não poderei responder a teu acusador.
Será fácil, pra ele, me envolver e confundir
Terei que vê-lo, muda, gozar o seu triunfo,
E narrar tua vergonha a quem quiser ouvir.
Eu preferiria que o fogo do céu me devorasse!
Não me enganes, responde: ele ainda te é caro?
Com que olhos vês, agora, esse Príncipe insolente?

Fedra

Vejo-o agora como um monstro medonho.

ENONE

Por que então lhe entregar a vitória completa?
Se tens medo dele, acusa-o do crime
Antes que ele te acuse.
Quem te desmentirá? Tudo fala contra ele.
A espada que felizmente ficou em tuas mãos,
Teu desespero atual, tua angústia anterior,
E Teseu, prevenido contra ele por ti, há tanto tempo;
E tão convencido que o exilou daqui.

FEDRA

Queres me obrigar a oprimir e enlamear a inocência?

ENONE

Não. Meu projeto exige apenas teu silêncio.
Eu também tremo, também sinto remorso.
Enfrentaria a morte mil vezes com mais tranqüilidade.
Mas sei que te perco sem esse remédio amargo;
E tua vida pra mim vale mais do que tudo:
Eu vou falar. Embora indignado
Teseu limitará sua vingança a outro exílio.
Um pai, mesmo quando condena, é sempre um pai:
Um pequeno castigo satisfará sua cólera.
Mas, ainda que devesse correr muito sangue inocente,
Seria um preço a pagar por tua honra ameaçada.
Não podemos arriscar um tesouro tão caro;
Temos que realizar a ação que se imponha.

Para salvar essa honra em perigo
Devemos imolar tudo, até a virtude.
Vem alguém aí. Vejo Teseu.

FEDRA

Ah! E eu vejo Hipólito:
Pela insolência de seus olhos eu sei que estou perdida.
Faz o que bem entenderes – me entrego a ti.
Na confusão em que estou já não confio em mim.

CENA IV

Teseu, Fedra, Hipólito, Terâmeno, Enone

TESEU

O destino cessou de me agredir, senhora
E coloca em teus braços...

FEDRA

Pára, Teseu,
Não profana uma emoção tão pura;
Eu não mereço mais esse afeto tão doce;
Foste ultrajado. Na tua ausência
O destino invejoso não poupou tua esposa.
Indigna de te satisfazer ou de estar no teu leito,
Devo apenas, agora, procurar me esconder.

CENA V

Teseu, Hipólito, Terâmeno

TESEU

Que estranho acolhimento é este que me fazem,
Meu filho?

HIPÓLITO

Fedra, só Fedra, pode explicar o mistério.
Mas, se te comove uma súplica ardente,
Consente, pai, em que eu não a veja mais;
E permite que o amargurado Hipólito se afaste para sempre
Das terras onde mora tua esposa.

TESEU

Mas, filho, queres me abandonar?

HIPÓLITO

Não fui eu quem a procurei, senhor.
Tu conduziste até aqui os passos dela.
Ao partir determinaste que Fedra e Arícia
Ficassem confinadas em Tresena:
E me deste o encargo da guarda e da custódia.
Que outras obrigações podem deter-me agora?
Minha juventude ociosa já mostrou demais sua destreza
Aos meus míseros adversários da floresta.

Por que não posso, abandonando um repouso indigno,
Colorir minhas armas com sangue mais glorioso?
Quando não tinhas ainda a idade que hoje tenho,
Muitos tiranos e outros tantos monstros
Já haviam sentido o peso do teu braço.
Perseguidor alegre dos desmandos
Tinhas tornado seguras as margens de dois mares;
Livre, o viajante já não sofria ultrajes;
Hércules, respirando tranqüilo, confiava em teus
   braços:
Podia enfim repousar de seus grandes trabalhos.
Mas eu, filho desconhecido de pai tão glorioso,
Não alcanço sequer as pegadas de minha mãe!
Deixa que minha coragem possa enfim se provar.
Que eu traga a teus pés espólios memoráveis,
Ou que uma bela morte eternize minha memória.
Que meu fim valoroso seja o meu apogeu
E prove ao mundo inteiro que eu era um filho teu.

TESEU

O que é que eu vejo? Que horror invadiu esta casa
Fazendo minha família fugir diante de mim?
Se minha volta causa tanto medo e tão pouco amor,
Ó, céu!, por que me livraste da prisão?
Eu tinha só um amigo; na imprudência da paixão
Tentou roubar a mulher do tirano do Épiro;
A contragosto ajudei-o na aventura amorosa;
O destino, indignado, cegou a mim e a ele.
O tirano me surpreendeu sem armas nem defesa

E, através de minhas lágrimas, vi meu amigo
Ser atirado por esse bárbaro aos monstros selvagens
Que alimentava só com sangue humano.
A mim mesmo enterrou em cavernas profundas,
Buracos negros junto ao reino dos mortos.
Depois de seis meses, os deuses, enfim, me protegeram:
Pude enganar a guarda das cavernas
E livrei a natureza do pérfido inimigo,
Dando-o como alimento a seus próprios monstros.
E agora que, com euforia, volto a me aproximar
De tudo que os deuses me deram de mais caro,
Que digo eu?, quando a alma, reentregue a si mesma,
Só deseja saciar-se em ver o que é amado,
Eis que sou recebido com medo e calafrios;
Todos fogem, se negam aos meus abraços;
E eu, contagiado pelo horror que inspiro,
Preferia continuar prisioneiro no Épiro.
Falem! Fedra se queixa de que fui ultrajado.
Quem me traiu? Por que não me vingaram?
A Grécia, que tantas vezes necessitou meu braço,
Estará dando asilo a esse criminoso?
E ninguém responde?! O meu próprio filho
Terá se juntado aos inimigos?
Entremos. Essa dúvida me oprime.
Devo conhecer o crime e o culpado.
Fedra tem que me dar a razão da angústia em que se encontra.

CENA VI

Hipólito, Terâmeno

HIPÓLITO

Que significam essas palavras que gelaram meu
   sangue?
Fedra, ainda presa à sua extrema histeria,
Quererá se acusar e perder a si mesma?
Deuses! O que dirá o Rei? O amor incontido
Espargiu um veneno funesto em sua casa!
Eu mesmo estou cheio de um fogo que seu ódio
   reprova.
Hipólito! Foi um o que ele deixou e é outro o que ele
   encontra.
Pressentimentos negros enchem meu coração.
Mas a inocência, enfim, não tem nada a temer;
Vamos embora: tenho que descobrir algum modo feliz
De despertar a ternura no coração de meu pai,
E confessar esse amor que ele vai hostilizar
Mas não pode extinguir, com todo o seu poder.

ATO IV

CENA I

Teseu, Enone

TESEU

O que é que me dizes? O traidor, o temerário,
Preparava tal vileza contra a honra do pai?
Com que rigor, que dureza, destino, me persegues!
Já não sei aonde vou, já não sei onde estou.
Ó ternura! Ó bondade assim tão mal recompensada!
Pensamento audacioso! Projeto repelente!
Para realizar os desejos nefandos,
O insolente não hesitou em recorrer à violência!
Reconheci o aço, instrumento de sua fúria,
O aço com que o armei com intenções bem mais nobres!
Todos os laços de sangue não foram suficientes para refreá-lo.
E Fedra hesitava em fazê-lo punir!
O silêncio de Fedra encobria o culpado!

ENONE

Fedra poupava somente um pai infortunado:
Envergonhada com o ataque do amante insensato,
Temendo o fogo delituoso que percebeu em seus olhos,

Fedra preferiu a morte, senhor, e sua mão assassina
Ia extinguir de seus olhos a luz inocente.
Eu a vi erguendo o braço, corri por sua vida.
Sozinha, por teu amor, consegui preservá-la:
E por lamentar ao mesmo tempo tua dor e suas ânsias,
É que sirvo, meu senhor, de intérprete das lágrimas.

Teseu

Ó pérfido! Mas não conseguiu não empalidecer!
Quando se aproximou percebi o sobressalto.
Me chamou a atenção sua pouca alegria;
Seu abraço gelado esfriou minha ternura.
Mas em Atenas já tinha declarado
Esse amor culpado que agora o devora?

Enone

Senhor, é preciso lembrar as queixas da Rainha:
A causa de seu ódio era esse amor criminoso.

Teseu

E aqui em Tresena o fogo reacendeu?

Enone

Eu já disse, senhor, tudo que se passou.
A Rainha está há muito tempo sozinha.
Consinta que eu volte pra ela.

CENA II

Teseu, Hipólito

TESEU

Aí está ele! Deuses do céu! Diante de porte tão nobre
Quem não se enganaria?
Como é que o rosto profano de um adúltero
Pode brilhar assim com a luz da mais santa virtude?
A natureza devia colocar sinais precisos
Para reconhecermos o coração dos pérfidos!

HIPÓLITO

Permita que eu pergunte, senhor, que sombra funesta
Conseguiu perturbar tua augusta expressão?
Não queres confiar o segredo a teu filho?

TESEU

Pérfido! Como ousas te mostrar diante de mim?
Monstro que os raios do céu já pouparam demais,
Resto impuro dos facínoras de que livrei a terra!
A fúria transbordante de teu horrendo amor
Levou tua luxúria ao leito de teu pai.
E ainda ousas vir me exibir essa face inimiga!
Permaneces neste lugar cheio da tua infâmia
Quando já devias estar sob um céu estrangeiro
Onde ainda não tivessem ouvido falar do teu nome!
Foge, traidor! Não desafia o meu ódio,

Nem aumenta uma cólera que eu a custo domino.
Já é demais, pra mim, a eterna ignomínia
De ter posto no mundo um filho tão canalha,
Que sua morte, vergonhosa à minha memória,
Ainda enlameará a glória dos meus feitos.
Foge; se não queres que um súbito castigo
Te junte aos delinqüentes que meu braço já puniu.
Esteja atento para que o astro que nos ilumina
Não te veja jamais pôr um pé temerário em minhas
    praias:
Foge, eu digo – não olha atrás nem volta;
Livra meu reino de uma visão horrenda.
E tu, Netuno, tu que no passado usaste minha coragem
Para limpar teu rio de assassinos,
Lembra que, como prêmio desses meus esforços,
Juraste atender qualquer pedido meu.
No interminável sofrimento de uma dura prisão
Jamais implorei tua força imortal;
Avaro do socorro que me prometeste
Eu o reservei pruma necessidade extrema;
Chegou o dia – hoje eu te invoco. Vinga um pai infeliz;
Eu abandono esse traidor a toda a tua cólera;
Sufoca em seu sangue esses desejos sujos;
Por tua fúria Teseu medirá tua justiça.

Hipólito

Fedra acusa Hipólito de um amor criminoso!
É um excesso de horror – minha alma não reage;

São tantos golpes juntos, imprevistos,
Que a voz me falta; minhas palavras fogem.

TESEU

Traidor! Pretendias que Fedra enterrasse tua audácia brutal
Num silêncio tímido ou covarde;
Não devias então, na pressa de fugir,
Abandonar nas mãos dela o ferro que te acusa;
Devias completar a vilania e, num golpe só,
Cortar-lhe a vida e a palavra.

HIPÓLITO

Uma mentira tão negra provoca em mim tal revolta
Que eu devia, senhor, revelar a verdade.
Mas é um segredo que te toca e te fere – eu me calo.
Aprova o respeito que cerra a minha boca,
Não procura aumentar a dor de tuas feridas;
Examina minha vida e recorda quem sou.
Alguns crimes antecipam sempre grandes crimes;
Quem, em dado momento, ultrapassa as fronteiras do lícito
Acaba violando as normas mais sagradas;
Mas, assim como a virtude, o crime tem escalas;
Jamais se viu a tímida inocência
Passar subitamente a uma licença extrema.
Um dia só não transforma um mortal virtuoso
Em assassino cruel ou fera incestuosa.

Amamentado no seio de uma casta heroína,
Jamais desonrei minha origem e meu sangue.
Tomando-me de minha mãe, Piteus, o mais sábio dos homens
Me criou e instruiu;
Não quero me pintar com cores favoráveis;
Mas se, por acaso, herdei alguma virtude, senhor,
Pretendo te lembrar uma só, entre todas;
O ódio por essa espécie de crime do qual sou acusado;
É por isso que Hipólito é conhecido em toda a Grécia.
Imponho minha virtude até à grosseria;
Todos conhecem a dureza inflexível do meu comportamento.
O dia não é mais puro do que meu coração.
E dizerem que Hipólito, presa de um ardor profano...

TESEU

Sim, é esse orgulho mesmo, covarde!, o que te condena,
Eu vejo a causa odiosa dessa tua frieza;
Somente Fedra excitava teu olhar infame.
Tua alma desdenhava queimar sua chama exigente
Qualquer outro objeto lhe era indiferente.

HIPÓLITO

Não, meu pai, este coração, já não posso ocultar,
Não desdenha se queimar no fogo de um amor puro.
E a teus pés confesso a culpa verdadeira;

Eu amo, eu amo, ai de mim, contra toda tua proibição.
Arícia me venceu, é dona dos meus atos;
A jovem Palantida escravizou teu filho:
Eu a adoro; e minha alma, rebelde às tuas ordens,
Só sabe suspirar e se consumir por ela.

TESEU

Tu a amas? Deuses! Mas não: o artifício é grosseiro!
Te finges criminoso pra esconder outro crime.

HIPÓLITO

Senhor, eu a evito há seis meses, e há seis meses a amo;
Era isso que, tremendo, vinha te confessar.
Será que nada poderá te arrancar de teu erro?
Com que juramento terrível poderei convencer-te?
Ah, que a terra, o céu, e toda a natureza...

TESEU

Os canalhas recorrem ao perjúrio – sempre!
Pára, pára, me poupa ao menos esse discurso odioso,
Se a tua falsa virtude não tem mais argumentos.

HIPÓLITO

A ti pareço falso e cheio de artifícios.
No fundo do coração Fedra me é mais justa.

Teseu

Tua desfaçatez só aumenta a minha cólera!

Hipólito

Quanto dura o meu exílio? A que lugar me envias?

Teseu

Pérfido; se ficares além das colunas de Hércules,
Ainda assim estarás muito perto.

Hipólito

Banido por um delito ignominioso,
Que amigos me seguirão, quando tu me abandonas?

Teseu

Procura os amigos cuja admiração servil
Aplaude o incesto e honra o adultério.
Os traidores e os ingratos, sem honra nem lei,
Dignos de proteger um perverso sem fé.

Hipólito

Sempre voltas ao incesto e ao adultério.
E eu calo. E, no entanto, Fedra vem de uma mãe,
E de um sangue, senhor, tu sabes muito bem,
Mais manchado de horror do que o meu.

TESEU

O quê? Teu ódio agora já não se reprime!
Pela última vez, sai da minha vista;
Vai, traidor, antes que a minha cólera
Te mande arrastar daqui como um degredado.

CENA III

TESEU

Miserável, corres para uma perda inevitável.
Netuno, com suas águas mortais temido até dos deuses,
Me deu sua palavra e vai cumpri-la.
Um deus vingador te segue, não poderás fugir.
Eu te amava; e apesar de tua ofensa
Sinto minhas entranhas gelarem por antecipação.
Mas, fizeste tudo pra que eu te condenasse;
Jamais um pai, te digo, foi assim ultrajado!
Oh, céus, que vês a dor que me acabrunha
Como pude gerar um filho assim, tão, tão corrompido?

CENA IV

Teseu, Fedra

FEDRA

Senhor, é por um justo temor que eu te procuro;
O eco de tua voz irritada chegou a meus ouvidos;
Receio que da ameaça tenhas passado à ação.
Mas se ainda é tempo, ouso te suplicar, poupa tua raça.
Respeita o teu sangue; não quero ouvir seus gritos;
Não jogue sobre mim a dor infinita
De tê-lo derramado pela mão paterna.

TESEU

Não, senhora, minha mão não será manchada com esse sangue.
Mas de forma alguma esse ingrato me escapa!
Confiei sua perda a uma mão imortal –
Netuno, senhora, nos vingará aos dois.

FEDRA

Netuno nos vingará? Netuno vingará
Um voto que fizeste ditado pela ira?

TESEU

O quê? Temes que não me dê ouvidos?
Junta então, é justo, a tua voz à minha:

Refaz com a maior crueza o negro de seu crime;
Sopra minhas chamas até que queimem tudo.
Não conheces ainda do que é capaz o infame.
Seu furor contra ti se derrama em injúrias:
Tua língua, gritou, é cheia de imposturas;
Diz que Arícia tem seu coração, seu voto de fé.
Que a ama.

FEDRA

O quê, senhor!?

TESEU

Disse aqui diante de mim:
Mas eu sei entender um ardil caviloso;
Espero de Netuno uma justiça pronta.
Vou agora, eu mesmo, ajoelhar-me no altar,
E insistir pra que apresse a sua ação divina.

CENA V

FEDRA

Saiu. Mais uma notícia vem ferir meus ouvidos!
O fogo mal extinto se reacende em meu peito!
Como um raio do céu! Um aviso funesto!
E eu que, cedendo ao remorso,
Arranquei-me dos braços de Enone assustada
E corri até aqui para salvar esse monstro.

Quem sabe até que ponto me teria levado esse arrependimento?
Talvez tivesse até acusado a mim mesma;
Se a voz não me tivesse faltado, talvez essa verdade,
A pavorosa verdade, me tivesse escapado.
Hipólito é sensível e nada sente por mim.
Arícia tem seu amor! Arícia tem seu voto!
Ah, deuses! Quando o ingrato inflexível opunha ao meu desejo
Um olhar tão hostil, uma expressão tão severa,
Pensava que o seu coração, fechado sempre ao amor,
Estivesse armado igualmente contra todo o meu sexo.
Outra, no entanto, dobrou sua soberba;
Nos seus olhos cruéis uma outra achou a graça.
Talvez ele tenha até um coração fácil de enternecer:
E eu seja o único ser que lhe causa aversão.
Eu, que devo cuidar da sua salvação!

CENA VI

Fedra, Enone

FEDRA

Cara Enone, sabes o que acabei de ouvir?

ENONE

Não; mas chego aqui tremendo, por não querer mentir-te.

O motivo que te fez sair gelou-me o sangue;
Temo que qualquer imprudência possa te ser fatal.

FEDRA

Enone, quem diria? Eu tenho uma rival!

ENONE

O quê?

FEDRA

Hipólito ama. Não posso duvidar.
Esse inimigo selvagem e indomável,
A quem súplicas irritavam e lágrimas ofendiam,
Esse tigre, de quem jamais me aproximei sem medo,
Agora submisso, aprisionado, reconhece um vencedor:
Arícia encontrou o caminho de seu coração.

ENONE

Arícia!

FEDRA

Ah, dor jamais pensada!
Pra que novo tormento eu poupei minha vida!
Tudo que eu sofri, os temores, loucuras,
Transportes de paixão, o abismo dos remorsos,
A injúria insuportável da rejeição cruel,
Era só um prenúncio do tormento atual;

Eles se amam! Com que filtro mágico cegaram os meus
   olhos?
Como se encontram? Desde quando? Em que
   lugares?
Tu sabias; por que deixaste que eu fosse iludida?
Não podias me informar de seus ardores ocultos?
Muitas vezes devem ter sido vistos se procurando, se
   falando.
Costumavam se esconder no fundo da floresta?
Ai, não! Eram livres pra não se esconder.
O céu lhes aprovava a inocência das carícias;
Seguiam sem pecado a inclinação do amor.
Para eles todos os dias eram claros e amigos!
E eu, triste refugo de toda a natureza,
Ah, eu fugia da luz, me ocultava do dia.
A morte era o único deus que eu ousava invocar,
Esperando o momento de desaparecer.
Nutrindo-me de fel, bebendo as próprias lágrimas,
E com minha infelicidade sempre vigiada,
Não podia sequer me desafogar no pranto.
Saboreava a medo esse prazer funesto
Disfarçando minhas mágoas numa expressão serena.
E muitas vezes minha dor tinha que se privar das
   lágrimas.

ENONE

Que lucro tirarão os dois desse amor sem destino?
Nunca mais se verão.

FEDRA

Se amarão para sempre!
No momento em que falo, ah, pensamento mortal!,
Desafiam meu furor de amante insensata!
Apesar do exílio que os vai separar,
Fazem mil juramentos de não se separar.
Essa felicidade é um insulto!
Enone, tem dó deste ciúme furioso.
Enone, eu quero a destruição de Arícia.
Temos que despertar de novo a cólera de Teseu
Contra esse sangue odiado;
Não deixar que se contenha em castigos tão brandos!
O crime de Arícia ultrapassa o dos irmãos.
Com um acesso de ciúmes vou implorar a ele...
Mas que digo? Que faço? Onde foi minha razão?
Eu, ciumenta? E implorar a Teseu?
Meu marido está vivo e eu ainda em chamas?
E por quem? A que coração dirijo, assim, minhas
 súplicas?
Cada palavra me arrepia os cabelos.
Meus delitos já transbordam todas as medidas.
Respiro ao mesmo tempo o incesto e a impostura;
Minhas mãos homicidas, prontas a me vingar,
Anseiam por mergulhar em um sangue inocente.
Miserável! E eu vivo! E ainda suporto o olhar
Desse sagrado sol de que descendo!
O meu antepassado é o pai e o senhor dos deuses;
O céu e o Universo estão repletos de meus ancestrais;

Onde irei me esconder? Só na noite do inferno...
Mas que digo? Minos, meu pai, está lá com a urna
    fatal:
Dizem que tem o destino em suas mãos severas.
Minos julga, no inferno, os fracos seres humanos.
Ah, com que arrepios sua sombra tremerá,
Quando vir a filha diante dele,
Forçada a lhe narrar tantas infâmias,
Algumas ignoradas até no próprio inferno!
Que dirás tu, meu pai, desse espetáculo horrível?
Vejo a urna terrível cair das tuas mãos;
E que procuras pra mim algum suplício novo,
Até descobrires que esse castigo é o teu –
Ser carrasco de teu próprio sangue!
Perdoa – um deus cruel destruiu tua família;
Reconhece essa vingança na paixão de tua filha.
Ai de mim! Jamais meu triste coração
Provou o menor fruto
Do delito que me cobre de vergonha.
Perseguida por tormentos até meu último dia
Vivo em torturas uma existência miserável.

ENONE

Não, senhora! Esquece esse terror injusto!
É um erro perdoável e deve ser perdoado.
Tu amas! Não se pode lutar contra o destino.
Um encanto fatal te arrebatou a alma.
Será isso, no mundo, um prodígio tão raro?

O amor, por acaso, venceu somente a ti?
A fraqueza é natural ao ser humano;
Mortal, tens o destino dos mortais.
Lamentas um jugo que te escraviza há tanto tempo;
Mas os que moram no Olimpo, os deuses mesmos,
Que trovejam ameaças terríveis contra nossos delitos,
Também se queimam, às vezes, em chamas proibidas.

FEDRA

Mas o que dizes? Que conselho ainda ousas me dar?
Até o fim pretendes continuar me envenenando,
Desgraçada? Foi assim que me perdeste:
Trazendo-me de volta à luz da qual eu fugia.
Tuas súplicas fizeram-me esquecer meu dever.
Eu evitava Hipólito – tu o puseste ante meus olhos.
Por que tramaste isso? Por que tua boca ímpia
Ousou, caluniando-o, enegrecer sua vida?
Talvez ele venha a morrer, por causa disso!
Talvez o apelo sacrílego
Desse pai insensato já tenha sido atendido.
Eu não te escuto mais. Sai daqui, monstro horrendo!
Vai, deixa-me só com meu destino execrável!
Possa o céu, que é justo, pagar o que mereces!
E que o teu castigo assuste para sempre
Os que, como tu, com as astúcias mais vis,
Alimentam as fraquezas dos príncipes infelizes,
Empurrando-os no abismo que atrai seus corações:
Limpando o caminho e facilitando o crime!

Aduladores malditos; esse é o presente mais funesto
Que a cólera celeste reserva aos poderosos!

ENONE *(Só.)*

Ah! Deuses! Para servi-la eu fiz tudo e deixei tudo:
E recebo esse prêmio! Eu bem o mereci.

ATO V

CENA I

Hipólito, Arícia, Ismênia

ARÍCIA

Como? Teimas em te calar nesse perigo extremo?
Deixar no erro um pai que te ama tanto?
Cruel! Se dás tão pouco valor às minhas lágrimas,
Deves te resignar também a nunca mais me ver.
Parte; abandona esta triste Arícia;
Mas, ao partir, pelo menos defende tua vida;
Salva teu nome de uma mancha infame.
E obriga teu pai a revogar seus votos:
Ainda é tempo. Por que, por qual capricho,
Deixas o campo livre à acusadora?
Esclarece Teseu!

HIPÓLITO

O que é que eu já não disse?
Só falta revelar-lhe a vergonha de seu leito.
Devo eu, com um relato mais sincero,
Tingir de um rubro indigno o rosto de meu pai?
Só tu tiveste acesso a esse mistério odioso.
Só contigo, e com os deuses, abri meu coração.
Não consegui te esconder – julga pois se não te amo! –

Coisas que até de mim mesmo pretendia esconder.
Mas lembra bem, senhora, o terrível sigilo
Com que te revelei:
E esquece, se puderes.
E que jamais tua boca tão pura
Se abra para falar desse fato obsceno.
Devemos confiar na justiça dos deuses,
Pois têm todo o interesse em me justificar.
E Fedra, cedo ou tarde punida por seu crime,
Não conseguirá evitar a própria ignomínia.
Só isso eu te exijo, esse silêncio.
Abandona a escravidão a que te reduziram,
E vem, me segue, ousa seguir minha fuga.
Escapa deste lugar profanado e sombrio,
Onde a virtude respira um ar envenenado.
Aproveita a confusão gerada por minha desgraça,
E parte sem que ninguém perceba tua saída.
Posso te garantir todos os meios de fuga.
Neste momento a única guarda aqui é a minha,
E nossa causa já tem defensores potentes.
Argos estende a mão e Esparta nos apóia;
Vamos pedir justiça a esses nossos amigos;
Não deixemos que Fedra junte nossos despojos,
E nos expulse a ambos do trono de meu pai,
Entregando ao filho o teu e o meu direito.
A ocasião é propícia, temos que aproveitá-la...
Que medo te detém? Pareces hesitante!
Só o teu interesse inspira a minha audácia.

Por que, se estou em fogo, te sinto tão gelada?
Não queres seguir os passos de um banido?

ARÍCIA

Pobre de mim, senhor, seguir teu exílio me seria caro!
Ligada ao teu destino, com que felicidade
Eu esqueceria o resto dos mortais!
Mas, não estando unida a ti por nenhum laço,
Poderia seguir-te sem perder a honra?
A moral mais severa, eu sei, me absolveria
Por me livrar da prisão de teu pai:
É lícito fugir quando se foge a um tirano.
Sei que me amas, senhor; mas minha honra...

HIPÓLITO

A tua honra me é cara.
Uma proposta mais nobre me aproxima de ti;
Foge do inimigo e segue teu esposo.
Livres na desventura, o céu já nos mostrou
Que as nossas decisões de ninguém mais dependem.
Nosso himeneu não necessita de tochas e fanfarras.
Nas portas de Tresena, entre antigos sepulcros
Dos príncipes de minha raça,
Há um templo sagrado que apavora os perjuros.
Ali nenhum mortal ousa jurar em falso,
Pois recebe o castigo imediato.
E não há freio maior para a mentira
Do que a certeza da morte inevitável.

Lá, se confias, iremos pronunciar
Os votos solenes de um amor eterno.
Teremos a proteção do Deus que aí se venera,
E rogaremos a ele, nós dois, que nos sirva de pai.
Chamarei como testemunha os deuses mais sagrados,
A casta Diana e a majestosa Juno;
Todos os deuses, enfim, confirmarão meu afeto,
Garantindo a fé de minhas ternas promessas.

Arícia

O Rei vem aí; foge, Príncipe, não demora.
Pra disfarçar minha fuga demorarei um instante.
Vai; deixa somente algum guia fiel,
Que conduza aonde estejas meus passos hesitantes.

CENA II

Teseu, Arícia, Ismênia

Teseu

Deuses! Iluminem minha perturbação,
Mostrem aos meus olhos a verdade.

Arícia

Cuida de tudo, Ismênia, prepara nossa fuga.

CENA III

Teseu, Arícia

TESEU

Mudas de cor, senhora, e pareces confusa.
Que fazia Hipólito aqui neste lugar?

ARÍCIA

Veio se despedir de mim pra sempre.

TESEU

Teus olhos dominaram seu orgulho selvagem.
Seus primeiros suspiros são um triunfo teu.

ARÍCIA

Senhor, não te posso negar o que é verdade;
Hipólito não herdou o teu ódio injusto;
Jamais me tratou como uma criminosa.

TESEU

Compreendo. Até te jurou um amor imortal.
Mas não confie, senhora, num coração volúvel;
A outras já jurou o mesmo juramento.

ARÍCIA

Hipólito, senhor?

TESEU

Devias torná-lo menos inconstante.
Como suportas dividi-lo com outra?

ARÍCIA

E tu, como suportas que as mais vis calúnias
Enlameiem o caminho de uma vida tão bela?
Conheces assim tão pouco o coração de teu filho?
Distingues tão mal o crime da inocência?
Só a teus olhos uma nuvem negra
Cobre a virtude evidente a todos!
É demais tê-lo entregue a bocas maldizentes!
Chega. Arrepende-te de teu voto homicida.
E pede ao céu que não te odeie tanto
A ponto de realizar teu pedido sinistro.
Muitas vezes, de cólera, os deuses protegem nossas vítimas,
E ao atender nossos rogos castigam nossos crimes.

TESEU

Não tente em vão suavizar sua culpa;
O amor te cega a favor desse ingrato.
Eu creio em testemunhos seguros, inegáveis.
Eu mesmo vi correr o pranto da verdade.

ARÍCIA

Cuidado, senhor – tuas mãos invencíveis
Liberaram a Terra de monstros incontáveis;

Mas não mataste todos – um sobrevive. Um!
Mas não devo falar, teu filho me proíbe.
Obrigou-me por respeito que conserva por ti.
Eu o feriria se não me calasse.
Imito-o no pudor. Fujo à tua presença
Pra não ser forçada a romper meu silêncio.

CENA IV

TESEU

O que quer dizer isso? Que coisa se esconde
Numa fala que pára, recomeça,
E não termina nunca?
Desejam me cegar com um fingimento tolo?
Os dois conspiram pra me confundir?
E em mim mesmo, com todo o meu rigor,
Uma voz lamentosa soa em meu coração;
Uma piedade secreta me espanta e me aflige.
Vou interrogar Enone uma segunda vez:
Quero esse crime todo melhor esclarecido.
Guardas, tragam aqui Enone! E que venha sozinha.

CENA V

Teseu, Panopéa

PANOPÉA

Eu ignoro em que projeto a rainha medita, senhor,
Mas, na agitação em que está, todo temor é pouco.
Tem impresso no rosto um desespero mortal;
A palidez da morte já lhe cobre o semblante.
Enone, escorraçada de modo humilhante,
Buscou a morte nas águas do oceano.
Ninguém sabe dizer a origem dessa fúria:
E as ondas a esconderam pra sempre a nossos olhos.

TESEU

O que me dizes?

PANOPÉA

A morte de Enone não acalmou a Rainha;
A perturbação parece crescer nessa alma confusa.
Algumas vezes, acalmando suas dores secretas,
Abraça os filhos e os banha em lágrimas;
Mas logo, renunciando ao amor maternal,
Afasta-os com horror pra longe dela.
Caminha ao acaso em passo incerto,
E seus olhos arregalados não mais nos reconhecem,
Três vezes escreveu, mas, mudando de idéia,

Rasgou três vezes a carta iniciada.
Tem piedade dela, senhor; vá vê-la e socorrê-la.

TESEU

Ó céu! Enone está morta e Fedra quer morrer!
Chamem meu filho de volta, e que ele se defenda;
Venha falar comigo; quero ouvi-lo!
Netuno, retarda ainda O teu poder fatal;
Prefiro que não atendas nunca ao que implorei.
Penso que acreditei demais em testemunhas falsas,
E me precipitei, erguendo logo pra ti as minhas mãos cruéis!
Ai, que desespero o meu, se me atendeste!

CENA VI

Teseu, Terâmeno

TESEU

És tu, Terâmeno? Que fizeste de meu filho?
Eu o confiei a ti desde a mais tenra idade.
Mas, de onde vêm as lágrimas que choras?
Que faz meu filho?

TERÂMENO

Oh, preocupação tardia!
Ternura agora inútil! Hipólito já não vive.

TESEU

Deuses!

TERÂMENO

Eu vi morrer o mais gentil dos homens,
E ouso te dizer, senhor, o mais inocente.

TESEU

Meu filho morto! Quando eu lhe estendo os braços
Os deuses, impacientes, se apressam em eliminá-lo!

TERÂMENO

Mal tínhamos saído das portas de Tresena,
Ele estava em seu carro; em volta
Os seus guardas aflitos copiavam seu silêncio;
Afundado em pensamentos, Hipólito seguia pra Micenas
E, as mãos abandonadas, deixava aos cavalos uma
    rédea frouxa.
Os soberbos corcéis que, em outros tempos,
Víamos sempre, cheios de ardor, obedecer-lhe à voz,
Tinham agora os olhos apagados, a cabeça baixa,
Como reflexos de sua tristeza.
De repente, do mais profundo das ondas,
Sacudindo o ar imóvel, um grito inenarrável;
Do seio da terra uma voz formidável
Respondeu num gemido espantoso.
Todos os corações gelaram até o mais fundo.

E se eriçaram as crinas dos corcéis em pânico!
Subitamente, no dorso da planície líquida,
Vimos erguer-se uma montanha borbulhante e úmida.
A onda se aproxima, quebra, e, numa avalanche de espuma,
Vomita aos nossos olhos um monstro furibundo.
A cabeça enorme é armada de chifres pontiagudos,
O corpo todo coberto de escamas amarelas.
Touro selvagem, dragão indominável,
O dorso corcoveando em espirais tortuosas,
Seus gemidos sem fim estremeciam as encostas.
O céu se agitava ante a visão disforme,
A terra tremia, o ar se empesteava;
E até a onda que transportava o monstro se recolheu em pânico.
Tudo fugia; e, sem procurar sequer mostrar uma coragem inútil,
Cada um buscava asilo num templo vizinho.
Só Hipólito, digno filho de um pai heróico,
Deteve os cavalos, arrebatou as armas,
Apontou o monstro e, com um dardo, seguro,
Lhe abriu no flanco uma ferida enorme.
O monstro, num gigantesco frêmito de dor e de raiva,
Tombou gemendo nas patas dos cavalos,
Rolou no chão, escancarando pra eles uma goela em fogo
Que os cobriu de chamas, fumaça e sangue.
O terror domina os animais, que logo, surdos,
Não reconhecem mais nem freios nem comando.

Hipólito inda buscou contê-los num esforço impotente,
Segurando as rédeas vermelhas com espuma de
 sangue.
Dizem até que alguém viu, na confusão caótica,
Um deus lanceando cruelmente
Os flancos enlameados dos nobres animais.
O medo os atirou em cima dos rochedos;
O eixo grita e se parte: o intrépido Hipólito
Vê seu carro quebrado voar em mil pedaços.
E ele cai, ele mesmo, embrulhado nas rédeas.
Perdoa a minha dor; essa imagem cruel
Será para mim uma fonte infinita de lágrimas e
 angústia.
Eu vi, senhor, eu vi teu desgraçado filho
Arrastado pelos cavalos que ele próprio criou.
Tenta detê-los mas sua voz os assusta;
Eles disparam; todo o corpo de Hipólito agora é só
 uma massa.
A planície ressoa com os gritos de dor.
Ralenta, enfim, o ímpeto fogoso,
E os animais se detêm perto dos velhos sepulcros
Onde jazem, como frias relíquias, os reis, seus
 ancestrais.
Pra lá eu corro em soluços, a guarda me seguindo;
Traços sangrantes nos indicam o caminho;
As rochas estão vermelhas e as árvores em volta
Gotejam sangue de tufos de cabelo.
Eu me aproximo e o chamo; ele me estende a mão,
Abre um instante o olho moribundo:

"Ó céu" – disse ele – "me arranca a vida inocente.
Depois de minha morte, amigo, toma conta dessa triste Arícia.
E se meu pai, esclarecido um dia,
Chorar o destino infeliz do filho caluniado,
Diz-lhe que trate com doçura a prisioneira
Para dar paz à minha sombra e a meu sangue atormentados;
E que restaure..." Nessa palavra o herói morreu
Deixando em meus braços seu corpo desfigurado;
O resultado triste do triunfo da cólera dos deuses,
Que mesmo os olhos do pai não reconheceriam.

TESEU

Ó, meu filho! Cara esperança que eu próprio destruí!
Deuses inexoráveis que me atendestes demais!
A que remorsos mortais destinastes minha vida!

TERÂMENO

A tímida Arícia chegou nesse momento.
Fugindo à tua ira, senhor,
Vinha tomar Hipólito como esposo, na presença dos deuses.
Se aproxima; vê a relva coalhada de sangue
E descobre (que visão pros olhos de uma amante!)
Hipólito estendido, sem formas e sem cor.
Durante alguns momentos não crê em sua desgraça:
E, não reconhecendo naquilo o herói que adora,

Tem Hipólito à frente e pergunta por ele.
Mas, por fim, já segura de que é ele que vê,
Acusa os deuses erguendo um olhar triste;
E fria, soluçando, confundida,
Cai desmaiada junto ao corpo do amante.
Desesperada, Ismênia, toda em pranto,
Chama-a à vida, ou seja, ao sofrimento.
E eu, pra quem, agora, a luz é odiosa,
Cumprindo o doloroso encargo que o herói me confiou
Vim te comunicar sua última vontade.
Mas vejo que se aproxima sua mortal inimiga.

CENA VII

Teseu, Fedra, Terâmeno, Panopéa, Guardas

Teseu

Pois bem, tu triunfaste; meu filho já não vive!
Ah, quantas razões de medo; uma suspeita cruel
Alarma meu coração até o fundo!
Mas, bem!, ele está morto. A vítima te pertence.
Goza o seu fim, justo ou injusto.
Que os meus olhos continuem enganados para
    sempre.
Devia ser culpado, pois tu o acusaste.
Sua morte já me traz dores bastantes
Para que eu vá atrás de verdades odiosas

Que não me darão Hipólito de volta,
E talvez venham aumentar meu desespero.
Deixem-me longe de todos, longe destes lugares,
Longe da imagem de meu filho estraçalhado.
Perdido, perseguido pela lembrança mortal,
Gostaria de exilar-me do Universo inteiro.
Tudo parece se erguer contra minha injustiça;
A fama do meu nome aumenta o meu suplício:
Desconhecido dos homens seria fácil esconder-me.
Odeio as atenções com que me honram os deuses;
Já estou aqui chorando seus louvores assassinos;
Não vou cansá-los mais com súplicas inúteis.
Façam o que fizerem, essa proteção funesta,
Jamais me pagará o que de mim tiraram.

FEDRA

Não, Teseu, é necessário romper um injusto silencio;
Devolvendo a teu filho toda sua inocência;
Ele não tinha culpa.

TESEU

Ah! pai infortunado!
E por acreditar em ti eu o condenei!
Cruel! Pensa que bastaria uma desculpa...

FEDRA

Os momentos são preciosos. Me escuta, Teseu.
Fui eu que lancei um olhar profano e incestuoso

Sobre teu filho respeitoso e casto.
O céu pôs no meu peito uma chama insaciável,
E a execrável Enone conduziu todo o resto.
Ela temia que Hipólito, ao conhecer minha paixão,
Revelasse o sentimento que lhe causava horror.
A infame, abusando de minha extrema fraqueza,
Correu junto de ti e o acusou sem pena.
Depois, fugindo à minha ira, castigou a si mesma,
Procurando nas ondas o suplício mais fácil.
Com a espada eu pretendia encurtar meu destino,
Mas temi deixar minha honra gemendo entre suspeitas.
Vindo aqui expor os meus remorsos
Eu desço até os mortos por caminho mais lento.
Um veneno, que Medéa me trouxe de Atenas,
Já corre e queima em minhas veias,
Atinge meu coração.
E nesse coração moribundo lança um terror gelado.
Uma nuvem opaca já me oculta
O céu e o esposo, a quem minha vida insulta.
A morte, mergulhando meus olhos no escuro,
Devolve à luz do dia o seu brilho mais puro.

PENOPÉA

Está morta, senhor!

TESEU

Pudesse expirar com ela a memória
Dessa ação tão negra!

Vai, Teseu, com o teu erro, ai!, tão demonstrado,
Vai misturar tuas lágrimas ao sangue de teu filho
Abraçar o que resta dele,
Expiar o remorso de teu apelo aos deuses.
Rendamos a Hipólito as honras que merece.
E pra melhor apaziguar seu espírito torturado
E os deuses que urdiram tal armadilha
Arícia, sua amante, agora é minha filha.

Sobre o tradutor

MILLÔR FERNANDES nasceu no Rio de Janeiro, em 1924. Estreou muito cedo no jornalismo, do qual veio a ser um dos mais combativos exemplos no Brasil. Suas primeiras atividades na imprensa foram em *O Jornal* e nas revistas *O Cruzeiro* e *Pif-Paf*. Estudou no Liceu de Artes e Ofícios do Rio de Janeiro e, já integrado à intelectualidade carioca, trabalhou nos seguintes periódicos: *Diário da Noite*, *Tribuna da Imprensa* e *Correio da Manhã* sofrendo, diversas vezes, censura e retaliações por seus textos. De 1964 a 1974, escreveu regularmente para *O diário popular*, de Portugal. Colaborou também para os periódicos *Correio da Manhã*, *Veja*, *O Pasquim*, *Isto É*, *Jornal do Brasil*, *O Dia*, *Folha de São Paulo*, *Bundas*, *O Estado de São Paulo*, entre outros. Publicou dezenas de livros, entre os quais *A verdadeira história do paraíso*, *Poemas*, *Millôr definitivo – A bíblia do caos* e *O livro vermelho dos pensamentos de Millôr*. Suas colaborações para o teatro chegam a mais de uma centena de trabalhos, entre peças de sua autoria, como *Flávia, cabeça tronco e membros*, *Liberdade, liberdade* (com Flávio Rangel), *O homem do princípio ao fim*, *Um elefante no caos*, *A história é uma história*, e adaptações e traduções teatrais, como *Gata em telhado de zinco quente*, de Tennessee Williams, *A megera domada*, de Shakespeare, *Pigmaleão*, de George Bernard Shaw, e *O jardim das cerejeiras*, de Anton Tchekov. Millôr pode ser lido na revista *Veja* e no site www2.uol.com.br/millor/.

Coleção **L&PM** POCKET (LANÇAMENTOS MAIS RECENTES)

173. **Antígona** – Sófocles – trad. Donaldo Schüler
174. **Otelo** – William Shakespeare
175. **Antologia** – Gregório de Matos
176. **A liberdade de imprensa** – Karl Marx
177. **Casa de pensão** – Aluísio Azevedo
178. **São Manuel Bueno, Mártir** – Unamuno
179. **Primaveras** – Casimiro de Abreu
180. **O noviço** – Martins Pena
181. **O sertanejo** – José de Alencar
182. **Eurico, o presbítero** – Alexandre Herculano
183. **O signo dos quatro** – Conan Doyle
184. **Sete anos no Tibet** – Heinrich Harrer
185. **Vagamundo** – Eduardo Galeano
186. **De repente acidentes** – Carl Solomon
187. **As minas de Salomão** – Rider Haggard
188. **Uivo** – Allen Ginsberg
189. **A ciclista solitária** – Conan Doyle
190. **Os seis bustos de Napoleão** – Conan Doyle
191. **Cortejo do divino** – Nelida Piñon
192. **Cassino Royale** – Ian Fleming
193. **Viva e deixe morrer** – Ian Fleming
194. **Os crimes do amor** – Marquês de Sade
195. **Besame Mucho** – Mário Prata
196. **Tuareg** – Alberto Vázquez-Figueroa
197. **O longo adeus** – Raymond Chandler
198. **Os diamantes são eternos** – Ian Fleming
199. **Notas de um velho safado** – C. Bukowski
200. **111 ais** – Dalton Trevisan
201. **O nariz** – Nicolai Gogol
202. **O capote** – Nicolai Gogol
203. **Macbeth** – William Shakespeare
204. **Heráclito** – Donaldo Schüler
205. **Você deve desistir, Osvaldo** – Cyro Martins
206. **Memórias de Garibaldi** – A. Dumas
207. **A arte da guerra** – Sun Tzu
208. **Fragmentos** – Caio Fernando Abreu
209. **Festa no castelo** – Moacyr Scliar
210. **O grande deflorador** – Dalton Trevisan
211. **Corto Maltese na Etiópia** – Hugo Pratt
212. **Homem do príncipio ao fim** – Millôr Fernandes
213. **Aline e seus dois namorados** – A. Iturrusgarai
214. **A juba do leão** – Sir Arthur Conan Doyle
215. **Assassino metido a esperto** – R. Chandler
216. **Confissões de um comedor de ópio** – T. De Quincey
217. **Os sofrimentos do jovem Werther** – Goethe
218. **Fedra** – Racine / Trad. Millôr Fernandes
219. **O vampiro de Sussex** – Conan Doyle
220. **Sonho de uma noite de verão** – Shakespeare
221. **Dias e noites de amor e de guerra** – Galeano
222. **O Profeta** – Khalil Gibran
223. **Flávia, cabeça, tronco e membros** – M. Fernandes
224. **Guia da ópera** – Jeanne Suhamy
225. **Macário** – Álvares de Azevedo
226. **Etiqueta na prática** – Celia Ribeiro
227. **Manifesto do partido comunista** – Marx & Engels
228. **Poemas** – Millôr Fernandes
229. **Um inimigo do povo** – Henrik Ibsen
230. **O paraíso destruído** – Frei B. de las Casas
231. **O gato no escuro** – Josué Guimarães
232. **O mágico de Oz** – L. Frank Baum
233. **Armas no Cyrano's** – Raymond Chandler
234. **Max e os felinos** – Moacyr Scliar
235. **Nos céus de Paris** – Alcy Cheuiche
236. **Os bandoleiros** – Schiller
237. **A primeira coisa que eu botei na boca** – Deonísio da Silva
238. **As aventuras de Simbad, o marújo**
239. **O retrato de Dorian Gray** – Oscar Wilde
240. **A carteira de meu tio** – J. Manuel de Macedo
241. **A luneta mágica** – J. Manuel de Macedo
242. **A metamorfose** – Kafka
243. **A flecha de ouro** – Joseph Conrad
244. **A ilha do tesouro** – R. L. Stevenson
245. **Marx - Vida & Obra** – José A. Giannotti
246. **Gênesis**
247. **Unidos para sempre** – Ruth Rendell
248. **A arte de amar** – Ovídio
249. **O sono eterno** – Raymond Chandler
250. **Novas receitas do Anonymus Gourmet** – J.A.P.M.
251. **A nova catacumba** – Arthur Conan Doyle
252. **O dr. Negro** – Arthur Conan Doyle
253. **Os voluntários** – Moacyr Scliar
254. **A bela adormecida** – Irmãos Grimm
255. **O príncipe sapo** – Irmãos Grimm
256. **Confissões e Memórias** – H. Heine
257. **Viva o Alegrete** – Sergio Faraco
258. **Vou estar esperando** – R. Chandler
259. **A senhora Beate e seu filho** – Schnitzler
260. **O ovo apunhalado** – Caio Fernando Abreu
261. **O ciclo das águas** – Moacyr Scliar
262. **Millôr Definitivo** – Millôr Fernandes
264. **Viagem ao centro da Terra** – Júlio Verne
265. **A dama do lago** – Raymond Chandler
266. **Caninos brancos** – Jack London
267. **O médico e o monstro** – R. L. Stevenson
268. **A tempestade** – William Shakespeare
269. **Assassinatos na rua Morgue** – E. Allan Poe
270. **99 corruíras nanicas** – Dalton Trevisan
271. **Broquéis** – Cruz e Sousa
272. **Mês de cães danados** – Moacyr Scliar
273. **Anarquistas – vol. 1 – A idéia** – G. Woodcock
274. **Anarquistas – vol. 2 – O movimento** – G. Woodcock
275. **Pai e filho, filho e pai** – Moacyr Scliar
276. **As aventuras de Tom Sawyer** – Mark Twain
277. **Muito barulho por nada** – W. Shakespeare
278. **Elogio à loucura** – Erasmo
279. **Autobiografia de Alice B. Toklas** – G. Stein
280. **O chamado da floresta** – J. London
281. **Uma agulha para o diabo** – Ruth Rendell
282. **Verdes vales do fim do mundo** – A. Bivar
283. **Ovelhas negras** – Caio Fernando Abreu
284. **O fantasma de Canterville** – O. Wilde
285. **Receitas de Yayá Ribeiro** – Celia Ribeiro
286. **A galinha degolada** – H. Quiroga
287. **O último adeus de Sherlock Holmes** – A. Conan Doyle
288. **A. Gourmet *em* Histórias de cama & mesa** – J. A. Pinheiro Machado

289. **Topless** – Martha Medeiros
290. **Mais receitas do Anonymus Gourmet** – J. A. Pinheiro Machado
291. **Origens do discurso democrático** – D. Schüler
292. **Humor politicamente incorreto** – Nani
293. **O teatro do bem e do mal** – E. Galeano
294. **Garibaldi & Manoela** – J. Guimarães
295. **10 dias que abalaram o mundo** – John Reed
296. **Numa fria** – Charles Bukowski
297. **Poesia de Florbela Espanca** vol. 1
298. **Poesia de Florbela Espanca** vol. 2
299. **Escreva certo** – É. Oliveira e M. E. Bernd
300. **O vermelho e o negro** – Stendhal
301. **Ecce homo** – Friedrich Nietzsche
302. **Comer bem, sem culpa** – Dr. Fernando Lucchese, A. Gourmet e Iotti
303. **O livro de Cesário Verde** – Cesário Verde
304. **O reino das cebolas** – C. Moscovich
305. **100 receitas de macarrão** – S. Lancellotti
306. **160 receitas de molhos** – S. Lancellotti
307. **100 receitas light** – H. e Â. Tonetto
308. **100 receitas de sobremesas** – Celia Ribeiro
309. **Mais de 100 dicas de churrasco** – Leon Diziekaniak
310. **100 receitas de acompanhamentos** – C. Cabeda
311. **Honra ou vendetta** – S. Lancellotti
312. **A alma do homem sob o socialismo** – Oscar Wilde
313. **Tudo sobre Yôga** – Mestre De Rose
314. **Os varões assinalados** – Tabajara Ruas
315. **Édipo em Colono** – Sófocles
316. **Lisístrata** – Aristófanes / trad. Millôr
317. **Sonhos do Bunker Hill** – John Fante
318. **Os deuses de Raquel** – Moacyr Scliar
319. **O colosso de Marússia** – Henry Miller
320. **As eruditas** – Molière / trad. Millôr
321. **Radicci 1** – Iotti
322. **Os Sete contra Tebas** – Ésquilo
323. **Brasil Terra à vista** – Eduardo Bueno
324. **Radicci 2** – Iotti
325. **Júlio César** – William Shakespeare
326. **A carta de Pero Vaz de Caminha**
327. **Cozinha Clássica** – Sílvio Lancellotti
328. **Madame Bovary** – Gustave Flaubert
329. **Dicionário do viajante insólito** – M. Scliar
330. **O capitão saiu para o almoço...** – Bukowski
331. **A carta roubada** – Edgar Allan Poe
332. **É tarde para saber** – Josué Guimarães
333. **O livro de bolso da Astrologia** – Maggy Harrisonx e Mellina Li
334. **1933 foi um ano ruim** – John Fante
335. **100 receitas de arroz** – Aninha Comas
336. **Guia prático do Português correto – vol. 1** – Cláudio Moreno
337. **Bartleby, o escriturário** – H. Melville
338. **Enterrem meu coração na curva do rio** – Dee Brown
339. **Um conto de Natal** – Charles Dickens
340. **Cozinha sem segredos** – J. A. P. Machado
341. **A dama das Camélias** – A. Dumas Filho
342. **Alimentação saudável** – H. e Â. Tonetto
343. **Continhos galantes** – Dalton Trevisan
344. **A Divina Comédia** – Dante Alighieri
345. **A Dupla Sertanojo** – Santiago
346. **Cavalos do amanhecer** – Mario Arregui
347. **Biografia de Vincent van Gogh por sua cunhada** – Jo van Gogh-Bonger
348. **Radicci 3** – Iotti
349. **Nada de novo no front** – E. M. Remarque
350. **A hora dos assassinos** – Henry Miller
351. **Flush - Memórias de um cão** – Virginia Woolf
352. **A guerra no Bom Fim** – M. Scliar
353. (1).**O caso Saint-Fiacre** – Simenon
354. (2).**Morte na alta sociedade** – Simenon
355. (3).**O cão amarelo** – Simenon
356. (4).**Maigret e o homem do banco** – Simenon
357. **As uvas e o vento** – Pablo Neruda
358. **On the road** – Jack Kerouac
359. **O coração amarelo** – Pablo Neruda
360. **Livro das perguntas** – Pablo Neruda
361. **Noite de Reis** – William Shakespeare
362. **Manual de Ecologia** – vol.1 – J. Lutzenberger
363. **O mais longo dos dias** – Cornelius Ryan
364. **Foi bom prá você?** – Nani
365. **Crepusculário** – Pablo Neruda
366. **A comédia dos erros** – Shakespeare
367. (5).**A primeira investigação de Maigret** – Simenon
368. (6).**As férias de Maigret** – Simenon
369. **Mate-me por favor (vol.1)** – L. McNeil
370. **Mate-me por favor (vol.2)** – L. McNeil
371. **Carta ao pai** – Kafka
372. **Os vagabundos iluminados** – J. Kerouac
373. (7).**O enforcado** – Simenon
374. (8).**A fúria de Maigret** – Simenon
375. **Vargas, uma biografia política** – H. Silva
376. **Poesia reunida (vol.1)** – A. R. de Sant'Anna
377. **Poesia reunida (vol.2)** – A. R. de Sant'Anna
378. **Alice no país do espelho** – Lewis Carroll
379. **Residência na Terra 1** – Pablo Neruda
380. **Residência na Terra 2** – Pablo Neruda
381. **Terceira Residência** – Pablo Neruda
382. **O delírio amoroso** – Bocage
383. **Futebol ao sol e à sombra** – E. Galeano
384. (9).**O porto das brumas** – Simenon
385. (10).**Maigret e seu morto** – Simenon
386. **Radicci 4** – Iotti
387. **Boas maneiras & sucesso nos negócios** – Celia Ribeiro
388. **Uma história Farroupilha** – M. Scliar
389. **Na mesa ninguém envelhece** – J. A. P. Machado
390. **200 receitas inéditas do Anonymus Gourmet** – J. A. Pinheiro Machado
391. **Guia prático do Português correto – vol.2** – Cláudio Moreno
392. **Breviário das terras do Brasil** – Luis A. de Assis Brasil
393. **Cantos Cerimoniais** – Pablo Neruda
394. **Jardim de Inverno** – Pablo Neruda
395. **Antonio e Cleópatra** – William Shakespeare
396. **Tróia** – Cláudio Moreno
397. **Meu tio matou um cara** – Jorge Furtado
398. **O anatomista** – Federico Andahazi
399. **As viagens de Gulliver** – Jonathan Swift
400. **Dom Quixote – v.1** – Miguel de Cervantes
401. **Dom Quixote – v.2** – Miguel de Cervantes

402. Sozinho no Pólo Norte – Thomaz Brandolin
403. Matadouro Cinco – Kurt Vonnegut
404. Delta de Vênus – Anaïs Nin
405. O melhor de Hagar 2 – Dik Browne
406. É grave Doutor? – Nani
407. Orai pornô – Nani
408. (11). Maigret em Nova York – Simenon
409. (12). O assassino sem rosto – Simenon
410. (13). O mistério das jóias roubadas – Simenon
411. A irmãzinha – Raymond Chandler
412. Três contos – Gustave Flaubert
413. De ratos e homens – John Steinbeck
414. Lazarilho de Tormes – Anônimo do séc. XVI
415. Triângulo das águas – Caio Fernando Abreu
416. 100 receitas de carnes – Sílvio Lancellotti
417. Histórias de robôs: vol.1 – org. Isaac Asimov
418. Histórias de robôs: vol.2 – org. Isaac Asimov
419. Histórias de robôs: vol.3 – org. Isaac Asimov
420. O país dos centauros – Tabajara Ruas
421. A república de Anita – Tabajara Ruas
422. A carga dos lanceiros – Tabajara Ruas
423. Um amigo de Kafka – Isaac Singer
424. As alegres matronas de Windsor – Shakespeare
425. Amor e exílio – Isaac Bashevis Singer
426. Use & abuse do seu signo – Marília Fiorillo e Marylou Simonsen
427. Pigmaleão – Bernard Shaw
428. As fenícias – Eurípides
429. Everest – Thomaz Brandolin
430. A arte de furtar – Anônimo do séc. XVI
431. Billy Bud – Herman Melville
432. A rosa separada – Pablo Neruda
433. Elegia – Pablo Neruda
434. A garota de Cassidy – David Goodis
435. Como fazer a guerra: máximas de Napoleão – Balzac
436. Poemas escolhidos – Emily Dickinson
437. Gracias por el fuego – Mario Benedetti
438. O sofá – Crébillon Fils
439. O "Martín Fierro" – Jorge Luis Borges
440. Trabalhos de amor perdidos – W. Shakespeare
441. O melhor de Hagar 3 – Dik Browne
442. Os Maias (volume1) – Eça de Queiroz
443. Os Maias (volume2) – Eça de Queiroz
444. Anti-Justine – Restif de La Bretonne
445. Juventude – Joseph Conrad
446. Contos – Eça de Queiroz
447. Janela para a morte – Raymond Chandler
448. Um amor de Swann – Marcel Proust
449. À paz perpétua – Immanuel Kant
450. A conquista do México – Hernan Cortez
451. Defeitos escolhidos e 2000 – Pablo Neruda
452. O casamento do céu e do inferno – William Blake
453. A primeira viagem ao redor do mundo – Antonio Pigafetta
454. (14). Uma sombra na janela – Simenon
455. (15). A noite da encruzilhada – Simenon
456. (16). A velha senhora – Simenon
457. Sartre – Annie Cohen-Solal
458. Discurso do método – René Descartes
459. Garfield em grande forma – Jim Davis
460. Garfield está de dieta – Jim Davis
461. O livro das feras – Patricia Highsmith
462. Viajante solitário – Jack Kerouac
463. Auto da barca do inferno – Gil Vicente
464. O livro vermelho dos pensamentos de Millôr – Millôr Fernandes
465. O livro dos abraços – Eduardo Galeano
466. Voltaremos! – José Antonio Pinheiro Machado
467. Rango – Edgar Vasques
468. Dieta mediterrânea – Dr. Fernando Lucchese e José Antonio Pinheiro Machado
469. Radicci 5 – Iotti
470. Pequenos pássaros – Anaïs Nin
471. Guia prático do Português correto – vol.3 – Cláudio Moreno
472. Atire no pianista – David Goodis
473. Antologia Poética – García Lorca
474. Alexandre e César – Plutarco
475. Uma espiã na casa do amor – Anaïs Nin
476. A gorda do Tiki Bar – Dalton Trevisan
477. Garfield um gato de peso – Jim Davis
478. Canibais – David Coimbra
479. A arte de escrever – Arthur Schopenhauer
480. Pinóquio – Carlo Collodi
481. Misto-quente – Charles Bukowski
482. A lua na sarjeta – David Goodis
483. Recruta Zero – Mort Walker
484. Aline 2: TPM – tensão pré-monstrual – Adão Iturrusgarai
485. Sermões do Padre Antonio Vieira
486. Garfield numa boa – Jim Davis
487. Mensagem – Fernando Pessoa
488. Vendeta seguido de A paz conjugal – Balzac
489. Poemas de Alberto Caeiro – Fernando Pessoa
490. Ferragus – Honoré de Balzac
491. A duquesa de Langeais – Honoré de Balzac
492. A menina dos olhos de ouro – Honoré de Balzac
493. O lírio do vale – Honoré de Balzac
494. (17). A barcaça da morte – Simenon
495. (18). As testemunhas rebeldes – Simenon
496. Um engano de Maigret – Simenon
497. A noite das bruxas – Agatha Christie
498. Um passe de mágica – Agatha Christie
499. Nêmesis – Agatha Christie
500. Esboço para uma teoria das emoções – Jean-Paul Sartre
501. Renda básica de cidadania – Eduardo Suplicy
502. (1). Pílulas para viver melhor – Dr. Lucchese
503. (2). Pílulas para prolongar a juventude – Dr. Lucchese
504. (3). Desembarcando o Diabetes – Dr. Lucchese
505. (4). Desembarcando o Sedentarismo – Dr. Fernando Lucchese e Cláudio Castro
506. (5). Desembarcando a Hipertensão – Dr. Lucchese
507. (6). Desembarcando o Colesterol – Dr. Fernando Lucchese e Fernanda Lucchese
508. Estudos de mulher – Balzac
509. O terceiro tira – Flann O'Brien
510. 100 receitas de aves e ovos – José Antonio Pinheiro Machado
511. Garfield em toneladas de diversão – Jim Davis
512. Trem-bala – Martha Medeiros